도요타식 최강의 사원 만들기

TOYOTA RYU "SAIKYO NO SHAIN" WA KO SODATSU
By WAKAMATSU YOSHIHITO
Copyright (c) 2003 WAKAMATSU YOSHIHITO
All rights reserved.
Originally Published in Japan by SEIBIDO SHUPPAN, Tokyo.
Korean translation rights is SEIBIDO SHUPPAN, Japan
though THE SAKAI AGENCY and PLS Agency, Seoul.

·········· 일을 통해서 더욱 발전하는 방법을 연구하라!

"도요타"식 최강의 사원 만들기!

와카마츠 요시히토 지음 | 양영철 옮김

(주)삼양미디어

추천사 1

시작하는 용기와 그만두는 용기, 참는 용기를 배운다.

제갈 정웅(대림 INS 부회장)

우리는 다른 데서는 찾아볼 수 없는 일들을 한 세대동안 모두 겪고 있다. 전쟁의 상흔을 딛고 급속한 경제 부흥을 이루어 냈으며, 급성장의 이면에 감추어진 고통의 댓가를 온 국민이 나누어 가지는 슬기로움을 대내외에 과시하였다. 그러나, IMF는 앞으로 내닫기만 한 우리에게 숨고르기를 할 시간을 주었다. "경제 위기"라는 새로운 과제는 우리의 지나친 자만심을 일깨워 주었다. 전쟁과 평화, 성공과 좌절, 이 모든 일들이 한 세대가 다 지나가기도 전에 모두 일어났다.

이제 우리는 우리가 성공할 수 있었던 원인과 실패한 원인을 분석하여야 한다. 우연히라도 성공을 했다면 왜 성공할 수 있었는지, 또한 실패를 통해 우리가 얻은 것들이 무엇인지를 면밀하게 분석하여야 한다.

내가 아는 도요타는 같은 성공도 반복해서는 안 된다는

철학을 가졌다. 이는 전과 동일한 성공은 실패와 같다는 의미로, 처음의 성공을 개선하여 보다 발전적인 두 번째 성공을 이루어야 한다는 것이다.

도요타는 업계에서도 끊임없이 개선을 실천하고, 제품 생산의 완벽을 기하기로 유명하다. 도요타와 관련된 많은 일화들을 보면 미처 생각하지 못했던 발상의 전환과 관련된 것이 많다.

이 책을 보면 도요타 경영의 비법은 특별한 뭔가가 아니라 평범한 것, 상식적인 것을 업무에서 실천하는 것에 있다는 것을 알 수 있다. 머리를 써서 일하라…, 흔히 있는 실수를 조심하라…, 작은 달성을 중시하라…, 눈에 보이지 않는 절차를 중시하라…, 땀 흘리는 것만이 일하는 것이 아니다…, 부족하다고 생각하지 말고 절약할 생각을 하라… 어느 것 하나 경영자나 사원이나 모르고 있었던 것이 아니다. 실행하고 있지 않았을 뿐이다. 이것이 도요타식 경영과 인재 육성의 성공 비법이다.

인재는 처음부터 저절로 만들어져 있는 것이 아니다. 우리 기업에 맞게 키워 나가야 한다. 도요타의 경영 일화를 통해 기업을 구성하는 모든 구성원들이 보고 느끼는 바가 많을 것이다. 일류 기업은 사원 개개인이 만들어 가는 것이다. 쓸데없는 이기심과 우월주의로 어리석음을 범하고 있지 않은지 생각해 보자.

새로운 것을 시작하려면 「시작하는 용기와 그만두는 용기, 참는 용기」 세 가지 용기가 필요하다고 했다. 이 책에서 많은 분들이 이 세 가지 용기를 배웠으면 한다. 그리고 각자가 속한 환경에서 실천하기를 희망한다. *제갈정웅*

추천사 2

성공도 실패도 사람이 만들어 간다.

원 용 혁 ((사)한국행정관리협회장)

우리는 IMF 외환 위기를 맞이하고 나서야 비로소 혼돈과 혼란에 빠져 있었던 지난 근대 역사를 돌아보며 반성과 후회를 통해 새로운 형태의 사회 구조를 만드는 데 한 목소리를 내고 있다.

기업과 기업 간의 갈등과 경영자와 노조와의 갈등, 직장 내 각 부서간의 갈등, 사원과 사원 간의 갈등이 표면화되면서 누군가의 희생을 요구하는 시대에 살고 있는 지금, 우리 모두는 자신이 그 대상자가 아니기 위해 움츠린 어깨를 더욱 움츠리고 있다. 이러한 현실에서 우리는 지금 선조들의 인본주의 사상을 다시 한 번 상기해 볼 필요가 있다.

성공도 실패도 모두 사람이 만들어 간다.「도요타식 최강의 사원 만들기」는 도요타의 인재 육성 방법을 통해 한국식 경영의 문제점을 그대로 보여 주고 있다. "제품 생산은 인재 육성이다"라는 도요타의 철학이 아니더라도 기업은 인재를 통해 성공하고, 인재는 조직이 키워 내는 것이다. 대기업이나 중소기업, 관공서나 행정부, 학교, 동네 슈퍼마켓까지 사람이 성공을 가져온다는 도요타의 대 명제를 기억해야 한다.

그러나 인재 육성은 시간이 필요하고 그 시간만큼 인내가 필요하다. 구조 조정을 인원 감축과 협력업체 납품단가 삭감 등의 방식으로 해결하려는 섣부른 문제 해결은 오히려 실패를 자초할 것이다. 따라서 21세기가 원하는 구조 조정은 도요타식 인재 육성으로 해결해 볼 것을 제안한다.

이 책에 그 방법이 들어 있다. 이 책을 기업 경영과 자기 발전의 지침서로 삼고, 언제고 꺼내 보고 인생과 성공의 전략서로 삼기 바란다.

>> 프롤로그

"먼저 인재를 육성하라. 그리고 경영하라.
　　　　　　그곳에 비즈니스가 있다"

　도요타의 초 후지오(張 富士夫) 사장은 취임한 이후부터 인재 양성의 중요성을 줄기차게 강조하고 있다. 도요타에는 '제품 생산이 곧 인재 육성이다'라는 말이 있다. '먼저 인재를 육성하라. 그리고 경영하라. 그곳에 비즈니스가 있다'라는 표어는 지금도 변함이 없는 기본 원칙이다.
　필자도 도요타를 떠나서 여러 기업에서 생산개혁을 돕고 있다. 그리고 오늘날까지도 '제품 생산이 곧 인재 육성이다'는 말을 가장 중요한 과제라고 생각한다.
　인재 육성이란 곧 '사원 개개인을 육성하는 것'이다.
　도요타식 생산개혁에 대해서 강조하면 도요타식의 수단과 방법을 그대로 도입하는 것이라고 오해하는 경우가 많다. 그러나 도요타식 개선이란 사람을 육성하고, 육성된 인재가 스스로 개선을 추진해 나감으로서 자연스럽게 기업 풍토로 정착시키려는 것이다.
　모든 것을 상부에서 지시하면 '현장에서 일하는 사람들

이 지혜를 짜낼 여지가 없다'며 오노 다이이치 씨가 나에게 질책한 적이 있었다.

이처럼 생산개혁과 기업개혁을 위해서는 반드시 사람들의 지혜와 힘이 필요하다. 사원 한 사람 한 사람이 어떻게 자신을 계발하고 육성되어 가는가가 기업의 앞날을 좌우한다.

그러나 많은 기업에는 사원들을 무시하는 풍조가 만연되어 있다. 구조 조정을 당연하게 생각하며, 기업이 사원을 양성하는 열의도 상실되어 가고 있다.

반면, 도요타를 비롯하여 경쟁력을 갖춘 성장기업들은 고용을 유지함과 동시에 사람을 육성한다. 많은 독자들이 이 책을 통해서 자기계발을 위한 실천법을 습득할 수 있기를 바란다.

이 책은 도요타 철학을 실천에 옮기는 사람들이 구체적으로 어떻게 하고 있는가를 제시한 책이다. 전작 '도요타식 자신을 발전시키는 업무기술'은 오노 다이이치 씨의 가르침을 중심으로 서술한 책이었다. 하지만 이 책에서는 도요타 방식을 도입하여 제조업이나 서비스업에 종사하는 사람들의 '도요타 철학'을 소개하려고 한다. 따라서 도요타 방식에서 힌트를 얻어 스스로 생각하고, 스스로 행동하고, 자신들에게 맞게 인용한 다수의 사례들을 제시하고자 한다.

하루가 다르게 급변하는 시대를 살아가는 우리는 여기서 소개하는 것과 같은 '스스로' 실행하는 능력을 더욱 키워 나가야 한다. 이 책이 독자 여러분의 업무와 공부, 자기계발, 인생설계에 널리 활용될 수 있기를 바란다.

도요타 방식의 핵심은 인간의 지혜와 가능성을 신뢰함으로서 성립된다. 독자 여러분도 인간의 지혜와 가능성의 소중함을 신뢰하기 바란다. 그러면 인생이 한층 더 풍요로워지고 발전할 것이다.

인재 육성이란 결코 쉬운 일이 아니다. 어느 기업의 CEO가 인사 담당자에게 '인재를 육성하라'는 지시를 내렸다. 그러자 담당자는 MBA 등의 자격취득 프로그램을 만들어서 실행했다는 일화가 있다. 자격이 중요한 것은 사실이다. 그러나 훌륭한 인재는 자격을 통해서 성장하는 게 아니라 일을 통해서 성장한다.

이 책에서 그 기본을 바라보는 관점과 사고방식, 그리고 행동양식을 확실하게 익혀 주길 바란다.

카르만 주식회사, 와카마츠 요시히토

차례

추 천 사 – 제갈 정웅(대림 INS 부회장) / 원용혁((사)한국행정관리협회장)

프롤로그 – 먼저 인재를 육성하라. 그리고 경영하라. 그곳에 비즈니스가 있다

제1장 '성공법'을 개선하라

— 즉석에서 해답을 얻으려 하지 말라 … 22
  해답이 멀게 느껴지더라도 머리를 써서 해결할 수 있다는 것을 기억하라 … 23
  두뇌를 활용하지 못하는 이유는 무엇인가 … 24

— 만병통치약을 추구하지 말라 … 28
  순응하는 것은 좋다. 그러나 무비판적인 것은 나쁘다 … 29
  '개선책'을 개선하라 … 31

— 변화는 찾아오는 것이 아니라 만드는 것이다 … 34
  '과거의 영광'에서 벗어나라 … 35
  스스로 절차를 정하는 것이 중요하다 … 36

— 배운 것을 모두 활용할 수는 없다 … 39
  인생을 투자하면 이득이 된다 … 40
  유식한 사람보다 지혜로운 사람이 되라 … 41

— 내가 정한 것인가 아니면 누군가가 정해준 것인가 … 44
  도요타가 말하는 '당연'한 것의 대단함 … 45
  수동형에 익숙해지지 말라 … 47

— 생각하는 수고를 다른 사람에게 미루지 말라 … 50
  도와달라는 말을 금언으로 삼아라 … 51
  지시한 대로만 생각하지는 말라 … 53

— 컬럼 1. 늦은 것은 나쁘다. 그러나 빠른 것은 더 나쁘다 … 55

CONTENT

제2장 원인은 자신에게 있다고 생각하라

- 자신의 편의대로 일을 하지 말라 … 60
  왜 고객의 논리가 보이지 않는 것인가 … 61
  영원한 고객은 없다 … 63

- 원인은 나에게 있다 … 65
  '기다리게 하는 병원'이 주는 교훈 … 66
  수고를 아껴서 고객을 잃고 있지는 않은가 … 68

- 고객과 가까운 곳에서부터 개선하라 … 71
  '고통'에서 지혜가 태어난다 … 72
  먼저 내가 변해야만 상대방에게도 요구할 수 있다 … 74

- 바꾸어서는 안 되는 것들을 발견하라 … 77
  비용 절감과 품질 향상의 출발점 … 78
  판단이 흔들리면 방법도 흔들린다 … 80

- '고객을 위해'란 말의 진위를 탐구하라 … 83
  특별 주문품의 제조방식 … 84
  '고객을 위해서'란 말로 위장하지 말라 … 86

- 자신의 편의를 우선시 하지 말라 … 88
  보이지 않는 절차가 결과를 좌우한다 … 89
  왜 일은 바쁜 사람에게 부탁하는 것이 좋은가 … 91

- 컬럼 2. 불황을 한탄하는 사람은 머릿속이 불황이기 때문이다 … 93

제3장 자기 소모적인 일을 만들어 내지 말라

- 성공에는 이유가 있다 … 98
  우연을 다음의 필연으로 만들 수 있는가 … 99
  성공했을 때야말로 '왜?' 라는 의문을 가져라 … 100

- 알고 있는 것만이 전부는 아니다 … 103
  모두가 생각하지만 아무도 고치려고 하지 않는 것 … 104
  이해하는 것과 실행하는 것 … 105

- 오랜 시간 일했다고 해서 열심히 했다고는 생각하지 말라 … 108
  땀 흘린 것이 모두 일한 것은 아니다 … 109
  부족하다고 생각하지 말고 절약할 생각을 하라 … 111

- 10% 절감보다 50% 절감이 더 쉽다 … 114
  '과제해결형 개선' 의 필요성 … 115
  원점에서부터 다시 생각하는 것이 더 쉽다 … 116
  만족보다 부족이 자신을 향상시킨다 … 118

- 작은 힌트를 많이 모아라 … 120
  '뛰어난 아이디어' 보다 '많은 아이디어' 에 가치가 있다 … 121
  일단 형상화하라 … 123

- 대안 없이 반대하지 말라 … 127
  문제의 소유자가 되라 … 128
  '평론가' 가 되지 않기 위한 방법 … 129

- 그림으로 그리고, 물건으로 말하라 … 132
  '직접 보여 주는 것' 의 중요성 … 133
  그림은 심플하게 그려라 … 134

- 컬럼 3. '이해' 란 말이 아닌 행동이다 … 137

CONTENT

제4장 '어제와 같은' 일은 없다

- 문제점을 갖고 있는 현장으로 향하라 … 142
  발상이 없기 때문에 불운하다고 생각하는 것이다 … 143
  스스로를 필사적인 입장에 세워라 … 144

- 같은 실패를 두 번 하지 말라. 같은 성공도 반복하지 말라 … 147
  과거의 결론대로 실행해도 괜찮은가 … 148
  성공을 '만족'이 아닌 '개선'의 출발점으로 삼아라 … 150

- 오래된 관습을 의심하라 … 152
  규칙보다 소중한 것 … 153
  납득할 수 없는 상식을 발견하라 … 155

- 운을 과신하지 말라 … 157
  불운을 탓하며 반성을 중단하고 있지는 않은가 … 158
  같은 실수를 되풀이하게 되는 이유는 무엇인가 … 160

- 자신이 옳다는 사고방식을 버려라 … 162
  늘 바쁜 데도 돈을 못버는 사람들의 공통점 … 163
  명심하라! 개선해야 할 곳은 아직도 많다 … 166

- 소극적인 자세를 조심하라 … 168
  비난 공방만을 일삼아서는 내일을 기약할 수 없다 … 169
  지금이 정상이라 생각하면 더 이상 위로 올라갈 수 없다 … 170

- 컬럼 4. 백문이 불여일견, 백견이 불여일행(百見이 不如一行) … 173

제5장 '반복'의 힘을 믿어라

- 거짓으로라도 웃어라 … 178
  웃기 때문에 즐거워진다는 일의 기술 … 179
  불가능하다는 백 가지 이유보다 할 수 있다는 한 가지 가능성을 찾아라 … 180

- 포기하지 말라. 누군가가 당신을 지켜 보고 있다 … 183
  좋아하는 일을 하는 것도 좋다. 그러나 일을 좋아하는 것은 더욱 좋다 … 184
  편해지고 싶다는 생각에서 아이디어가 태어난다 … 186
  적극적인 자세에서 기회가 태어난다 … 187

- 허용되는 실수를 많이 하라 … 189
  개선은 '한 번 더'의 반복 … 190
  흔히 있는 실수를 조심하라 … 191

- 성공할 때까지 멈추지 말라 … 194
  왜 99%에 만족하면 안 되는가 … 195
  스스로 자신의 한계를 정하지 말라 … 197

- 스스로가 편해질 수 있는 방법을 생각하라 … 199
  자신의 실패를 받아들이는 사람과 그렇지 않은 사람의 차이 … 200
  불만은 방치해 두면 점점 불어난다 … 201

- 신념을 가져라! 그리하면 좋은 결과를 얻게 될 것이다 … 204
  쉽게 주변에 좌우되는 사람이 되지 않기 위한 방법 … 205
  변명이 모든 것을 해결해 주지는 않는다 … 207

- 컬럼 5. 사장이 나설 차례 … 209

제6장 작은 목표 달성들을 중시하라

- 좋다고 생각하면 멈추지 말라 … 214
  인내력이 생산력을 키운다 … 215
  조금씩 조정하면서 참을성을 갖는 것이 비결이다 … 217

- 목표 달성을 습관으로 만들어라 … 219
  청사진만으로 만족하지 말라 … 220
  '시간이 걸리기 때문에 그만두는' 게 아니라 '일부러 시간을 들여서 달성한다' 는 사고방식을 가져라 … 221
  계획은 달성을 통해 의미를 갖는다 … 224

- 모르면 끝까지 파헤쳐라 … 226
  무지함보다 무관심이 더 나쁘다 … 227
  개선에 종착역이란 없다 … 228

- 어려운 과제에 도전하라 … 231
  어려운 목표라도 꾸준한 노력을 통해 조금씩 달성하라 … 232
  자신감을 축적하라 … 234

- 이대로 만족하면 더 이상 발전은 없다 … 237
  과거의 성공에 얽매이지 말라 … 238
  변함없는 것이 좋은 것만은 아니다 … 239

제7장 항상 앞서가라

- '왜?'를 입버릇으로 삼아라 ··· 244
  비전이 사람들을 움직인다 ··· 245
  왜 도요타는 항상 위기감을 갖고 있는 것일까 ··· 247

- 상대가 원하는 것보다 한 발 더 앞서가라 ··· 249
  언제나 일에 쫓기게 되는 이유는 무엇인가 ··· 250
  불만이 생기기 전에 미리 개선하라 ··· 252

- '병에 걸린 다음에야 병원에 가는 사람'이 되지 말라 ··· 254
  변화를 예측하지 못한 사람은 변화에 당황할 수밖에 없다 ··· 255
  사소한 일을 큰일처럼 여겨라 ··· 257

- 30년 후를 대비하라 ··· 260
  미래를 예측하기 쉬운 이유는 무엇인가 ··· 261
  지금 해야 할 일을 산출해 내는 방법 ··· 263

- 오감의 명인이 되어라 ··· 265
  데이터가 오히려 감을 흐린다 ··· 266
  아무리 정보가 넘쳐흘러도 판단은 결국 인간의 몫이다 ··· 268

- 실수를 0%로 만들어라 ··· 270
  '인간 친화적'이란 말이 가진 진정한 의미 ··· 271
  다음부터 주의하자는 생각이 시간과 노력을 잡아먹는다 ··· 274

제8장 '마음'이 사람을 움직인다

- 상대가 납득할 때까지 설명하라 … 278
  만족시키고 싶다면 먼저 이해시켜라 … 279
  일에는 '이심전심'이란 사고방식이 통용되지 않는다 … 280

- 인간관계의 범위를 늘려라 … 283
  불평이 의견으로 바뀔 때 … 284
  다른 부서에 관심을 가져라 … 286

- 의지할 수 있는 든든한 존재가 되어라 … 288
  왜 개선에는 인간관계의 힘이 반드시 필요한가 … 289
  기억하라! 인간은 뛰어난 발상을 가진 사람보다 사람 좋은 사람을 위해 노력한다 … 291

- 말보다 귀로 상대의 본심을 끌어내라 … 293
  권력에 의존하면 인간관계가 지속되지 않는다 … 294
  고충처리로 인한 '손실'은 후에 몇 배의 이익이 되어 돌아온다 … 295

- 고립시키지 말라 … 298
  개개인의 경쟁을 통해 전체가 성장하는 방법 … 299
  과도한 자의식을 버려라 … 301

- 다른 사람에게 노동 강화를 강요하지 말라 … 304
  지혜에 한계란 없다 … 305
  생각하게 하는 것이 왜 상대를 편하게 만드는가 … 307

- 전(前) 공정은 신이요, 후(後) 공정은 고객이다 … 310
  다른 사람에게 부담을 전가하고 있지는 않은가 … 311
  능숙하게 사람을 끌어들일 수 있는 일을 하라 … 314

맺음말 - 자신의 능력을 키워야만 진정한 경쟁력을 손에 넣을 수 있다

제**1**장

'성공법'을 개선하라

즉석에서 해답을 얻으려 하지 말라
Don't ask for immediate answers

'이 생산라인에는 현재 일곱 명이 일을 하고 있기 때문에 불필요한 인력이 많다. 5명으로 줄일 수 있도록 개선하라.'

도요타의 어떤 직원이 상사로부터 이 같은 지시를 받았다. 그러나 느닷없이 7명에서 5명으로 줄이라는 명령에 어떻게 해야 할지를 모르고 있었다. 그래서 상사에게 구체적으로 지시해줄 것을 요청했다. 그러나 상사의 대답은 '알아서 찾아라'였다.

> 해답이 멀게 느껴지더라도 머리를 써서 해결할 수 있다는 것을 기억하라

'5+4=?' 와 '?+?=9' 의 차이를 소개한 TV 광고에 놀랐던 경험이 있었다. 전자는 일본의 교육방식이다. 오히려 외국에서는 후자와 같은 교육방식을 채택한 나라가 많다. 전자의 해답은 '9' 인 것에 반해 후자의 해답은 여러 가지가 된다. 교육적으로 어느 방식이 더 좋은지는 알 수 없다. 하지만 복수의 해답을 가지고 있다는 점에서 후자 쪽이 비즈니스 세계와 더 유사하다고 생각한다.

개선 활동을 추진함에 있어 가장 중요한 것은 무엇일까. 그것은 '스스로 그 해답을 찾아내는 것' 이다.

당장 결과를 도출하고자 한다면 지금 당장 해답을 얻으려고 조급해 할 것이다. 즉 상사가 '여기에 이런 낭비가 있으니 이렇게 개선하라' 고 지시해 주길 바라게 된다. 그 지시대로 움직이면 문제는 신속하게 해결된다.

그러나 이런 방식에서는 발전을 기대할 수 없다.

도요타식 개선은 먼저 생각하게 하는 것에서 시작된다. 또한 각자가 생각해낸 개선책이 반드시 정답일 필요도 없다. 상사는 개선책에 대하여 '약간의 문제가 있다', 혹은 '이런 점이 훌륭하다' 고 설명함으로서 부하 직원들의 이해

를 심화시켜 나가면 된다. 상사에게는 참을성이, 부하 직원에게는 스스로 생각하는 노력이 요구되는 것이다.

'생산라인을 7명에서 5명'으로 개선하라는 지시를 받은 그 직원도 처음에는 어디에서부터 손을 대야 할지 전혀 알 수가 없었다. 다른 생산 라인을 둘러보거나 상사의 조언을 구하기를 몇 번이나 반복했다고 한다. 그러던 어느 날 '더이상 상사에게 의지하지 말자'고 생각하게 되었다. 그리고 자신이 구상한 개선책을 시도해본 결과, 기대한 만큼의 성과를 얻을 수 있었다. 그 후 그 직원은 상사의 조언 없이도 스스로 일을 처리할 수 있게 되었다.

부하 직원은 '먼저 스스로 해답을 생각한 후 상사가 지적한 문제점을 고쳐가는 과정에서 결과적으로 자신을 발전시켰다'고 한다.

두뇌를 활용하지 못하는 이유는 무엇인가

생산개혁 고문을 맡다보면 가끔 참을성이 부족한 경영자들을 만나게 된다.

필자는 그들에게 '답은 스스로 찾아라'는 도요타식 사고방식으로 생산개혁을 추진해 가도록 조언한다. 사원들이 시행착오를 거듭하는 동안 다소 시간은 걸린다. 물론 때로는 직접 지시를 내리는 편이 더 신속하게 문제를 해결할 수 있다고 생각될 때도 있다. 실제로 그런 방식을 선호하여 좀더 신속하게 효과를 얻으려고 조급해 하는 경영자들도 적지 않다.

그러나 그런 방식을 통해서는 결코 진정한 의미의 생산개혁을 달성할 수 없다. 모든 것을 상부의 지시에 의존하면 사원 한 사람 한 사람이 스스로 생각할 자유를 포기하는 것과 같다. 그 순간만큼은 효과를 얻을 수 있을지 모르지만, 지시하는 사람이 없어지면 아무것도 처리하지 못하게 된다.

당신은 순간의 개혁을 원하는가 아니면 영구적인 개혁을 원하는가. 그것은 당신에게 참을성이 있느냐 없느냐에 달려 있다.

즉답을 얻고자 하는 사람은 하나의 정답밖에 없다고 생각하는 사람이다. 이들은 '정답이 하나이기 때문에 틀린 답을 제시하여 창피당하지 않으려고 생각'한다. 그뿐 아니라, 여러 가지 해답을 모색하는 자체가 낭비라고까지 생각한다.

이것이 바로 큰 착오이다.

도요타는 업무상의 낭비에 대해서는 엄격하다. 그러나 직원들이 지혜를 짜내고 그것을 실행하는 과정에서 발생하는 시행착오는 낭비로 보지 않는다.

어떤 사람에게서 들은 등산로에 관한 이야기를 예로 들어 보겠다.

정상으로 연결되는 새로운 등산로가 개발되면 그 길을 벗어나는 사람들이 적어진다. 그러나 그 길이 정상으로 가는 가장 좋은 방법인가에 대해서는 한번쯤 의문을 가져봐야 한다. 다소 시간은 걸릴지 모르지만 숲과 경치를 감상할 수 있는 길이 있는가 하면, 도전 정신을 만족시켜 주는 길도 있을지 모르기 때문이다.

'정해진 등산로만을 걷지 말고 다양한 길을 스스로 개척하라' 는 것이 그가 가장 말하고 싶었던 이야기였을지 모른다.

도요타는 '해답은 스스로 찾아낸다' 는 사고방식을 존중한다.

도요타에서는 어떤 일을 개선하고자 할 때 생각해낼 수 있는 모든 방법을 제시하고, 그 중에서 최선책을 선택하게 한다. 마찬가지로 모든 업무에서도 사원 스스로가 항상 몇 가지의 방식을 생각해 두는 습관을 갖게 하고 있다. 그렇게 하여 각각의 방식이 갖고 있는 장단점을 검토한 뒤, 어떤 방식이 가장 바람직한가를 모색한다.

스스로 해답을 찾아내는 시간이 아까워서 누군가가 정답을 가르쳐 주기만을 기다리는 사람은 발전할 수 없다.

사고의 단계

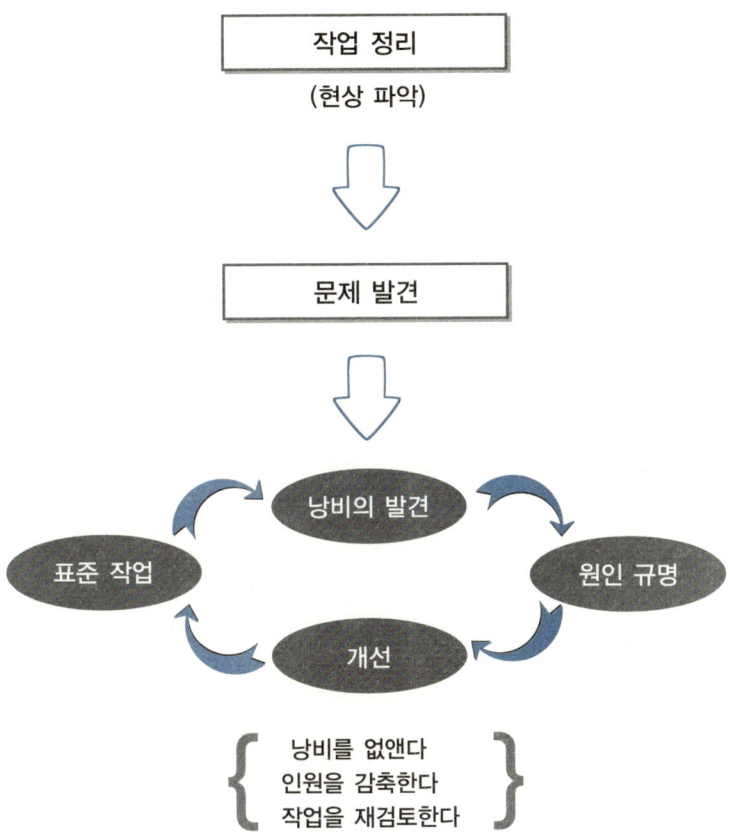

There is no single cure-all.
만병통치약을 추구하지 말라

경영, 제조 및 판매, 또는 학문탐구 등의 각 분야에는 'OO이론' 'OO기법'이라 불리는 것들이 많다. 그 중에는 때때로 크게 유행하는 것들도 있다. 하지만 그런 것들을 도입함으로서 모든 문제가 해결될 것이라고 생각한다면 큰 오산이다.

순응하는 것은 좋다. 그러나 무비판적인 것은 나쁘다

'새우깡'이란 별명을 가진 한 프로스포츠 코치가 있었다. 선수에게 지도를 시작하면 멈추지도 멈추게 할 수도 없었기 때문에 붙여진 별명이었다. 이 코치는 실제로 우수한 선수들을 많이 배출했으며, 그의 행동은 우수한 선수들을 육성하고 싶은 마음에서 비롯된 것이라고 이해되었다.

그러나 흔하지는 않지만 너무 많은 것을 가르치는 것이 역효과를 초래할 수도 있다.

코치의 지도를 받는 선수들은 프로인 만큼 모두 우수한 자질을 갖고 있다. 그러나 한계에 부딪힐 때가 있기 때문에 코치의 지도가 반드시 필요하다. 그러나 코치가 선수의 자세에서부터 너무 이것저것 지적하는 것은 늘 문제가 되고 있다. 선수들이 코치에게 지적받은 것들을 고쳐가는 동안 그 선수가 갖고 있던 고유의 장점까지 잃게 되는 경우도 많기 때문이다.

이러한 상황에서도 실력을 향상시키는 선수들이 있다. 이들에게는 코치의 말을 여과 없이 받아들이지는 않는다는 공통점이 있다. 코치의 말은 어디까지나 조언으로 받아들이고 스스로 판단하는 것이다.

비즈니스 세계에는 최신의 이론이라면 무턱대고 선호하

는 사람들이 있다. 공통적으로 이들은 '미국에서 ○○이론이 유행하여 대성공을 거두었다'는 등의 이야기를 들으면, 즉시 그 이론을 채택하지 않으면 좀이 쑤시는 사람들이다.

새로운 방식을 긍정적으로 받아들이고 그것을 실제로 도입해 보는 것은 바람직한 일이다. 요즘처럼 기업이나 직장인들이 앞날에 대한 불안을 느끼는 시대에는 누구나 모든 문제를 단번에 해결해줄 이론이나 수단, 방법을 찾게 된다.

문제는 이런 이론이나 수단, 방법을 만병통치약으로 착각하여 단 한번의 비판도 하지 않고 그대로 받아들인다는 것이다.

예전에 어떤 기업이 다른 기업보다 앞서 성과주의를 조기 도입한 일이 있었다. 계획대로라면 성과주의를 도입함으로서 사원들의 의욕이 크게 향상되어야 했다. 그러나 목표달성을 중시한 나머지 쉽게 달성할 수 있는 목표만을 설정하려 했고, 결국 사원들은 어려운 목표나 장기적인 목표에 도전하려는 의욕을 상실하는 결과를 가져왔다. 물론 성과주의가 나쁘다는 의미는 아니다. 이는 미국의 제도를 문화와 개성이 다른 일본에서 여과 없이 받아들인 결과로 인한 실패였다.

'개선책'을 개선하라

이 세상의 모든 수단이나 방법은 각각 나름대로의 장단점을 갖고 있다. 장점만을 활용하면 될 것을, 다른 곳에서는 성공했다는 이유로 검토도 해보지 않고 무조건 도입부터 하기 때문에 실패하는 것이다. 그들은 새로운 이론이나 방법론이 제시되면 즉시 그것을 실행하려하고, 도중에 문제가 생기면 다시 새로운 것을 찾아 나서기를 반복한다. 이러는 사이 결국 그들 자신이 갖고 있던 고유의 장점조차 잃어버리는 것이다.

도요타는 포드 사의 'SUGGESTION SYSTEM'이란 제도에서 힌트를 얻어 도요타식 개선 활동의 바탕이 되고 있는 '창의연구제도'를 만들어 냈다. 이처럼 도요타는 벤치마킹을 통해 다른 기업에서 성공을 거두고 있는 수단이나 방법을 직도입하기 보다는 그것들이 갖고 있는 장점만을 활용한다. 포드 사가 채택하고 있던 이 제도는 원래 보상금에 중점을 둔 시스템이었다. 그러나 도요타는 자신들의 방식에 맞추어 금전보다 지혜를 통해 사원들이 보람을 느낄 수 있는 제도로 개선하여 정착시킨 것이다.

수단 및 방법은 장점만을 활용하여 자신들의 방식에 맞추어 개선한다. 이것이 바로 도요타의 철학이다.

이 철학은 업무상에서도 철저히 지켜지고 있다.

가령 상사가 부하 직원에게 개선이 필요한 문제점들을 지적했다고 하자. 그러나 부하 직원이 지시한 대로만 일을 처리하면 '어째서 지시한 대로만 했느냐'며 질책을 한다. 지시한 대로가 아니라 지혜를 짜내어 지시보다 더욱 훌륭한 방법으로 일을 해결하는 능력을 부하 직원들에게 요구한다는 이야기다.

도요타는 다른 공장이나 협력업체가 개선에 성공했다는 소식을 들으면 규모를 불문하고 직접 찾아가서 벤치마킹을 한다. 도요타에서는 성공적인 개선 활동은 모두에게 공개하는 것이 상식화되어 있는 일이다. 그러나 결코 다른 기업으로부터 습득한 방식을 그대로 도입하는 일은 없다. 다른 기업들의 '개선방식'을 도요타 나름대로 '개선'하여 그보다 더 훌륭한 개선책을 만들어 낸다. 그것을 또 다른 부서가 보고 나름대로 개선하여 인용한다. 배운 것이나 지시받은 대로만 실행하는 것은 결코 발전적이지 못하다는 것이 도요타의 철학이다..

세상에 나오는 새로운 이론이나 기법을 배우는 것도 중요하다. 다양한 방식을 보고, 다른 사람들에게 조언을 구하는 것도 바람직한 일이다. 그러나 단 한번의 의문도 갖지 않고 무조건 받아들여서는 안 된다. 판단을 통해 장점만을 찾아내고, 그것을 자신에게 맞도록 재활용하는 습관을 기르지 않는 사람은 더 이상 발전할 수 없다는 것을 명심하라.

Changes don't just happen; you have to make them happen.

변화는 찾아오는 것이 아니라 만드는 것이다

제조업체인 A사에는 절대적인 권력을 갖고 있는 사람이 있었다. 가령 새로운 생산라인을 구축하는 경우, 그의 한마디면 하룻밤만에 번쩍번쩍한 새 벨트 콘베이어(생산라인)이 설치될 정도로 그의 권력은 대단했다. 그러나 다품종 소량생산 시대를 맞이하여 콘베이어 장치가 불필요해지자, 그에게 의지하는 데 익숙해져 버린 사원들은 어떻게 하면 콘베이어 생산방식에서 탈피할 수 있을지 알 수가 없었다.

'과거의 영광'에서 벗어나라

한 경영자가 소프트 개발회사에 대해 '일부러 거액을 투자하여 OO소프트를 사들였는 데도 전혀 매출이 오르지 않는다'고 불평을 터뜨렸다. 그는 세계의 IT물결에 뒤쳐지지 않기 위해 유명한 업무적용 프로그램을 도입하고, '이것으로 우리 회사는 괜찮을 것'이라 안심하고 있었다고 한다. 그러나 회사 전체를 시스템화 했음에도 불구하고 업무상황은 나아지기는커녕 복잡한 작업만 늘어났다. 매출도 전혀 늘어날 기미를 보이지 않았다. 그리하여 결국 경영자는 프로그램 개발회사에 대해 '이상하지 않느냐'고 불평하기에 이르렀다.

IT가 붐을 이루던 시기에는 IT화를 추진하지 않으면 시대에 뒤떨어질 것 같은 불안감이 기업사회에 만연되어 있었다. 그러한 불안은 결국 IT화를 추진하면 아무리 작은 기업이라도 세계를 상대로 사업을 할 수 있을 것이라는 장밋빛 망상을 초래했다.

조금만 생각해 보면 그러한 것들이 가능할 리 없다는 것을 쉽게 알 수 있다. 아무리 뛰어난 소프트웨어라 할지라도 소프트웨어 자체가 매출을 늘려 주는 것은 아니기 때문이다. 그러나 이처럼 인간은 때때로 너무나도 쉽게 망상에 빠져든다.

과거에는 많은 경영자들이 제조업의 선진국인 미국의 산

업시설을 둘러보기 위해 대거 미국행 비행기에 올랐다. 그들은 그곳에서 놀랍도록 거대한 산업시설을 보고 '이 기계들과 설비만 도입하면 우리 회사도 크게 성장할 수 있을 것'이라 생각했다고 한다.

고도성장기에는 이러한 생각이 적중했다. 동일한 제품을 대량 생산하기 위해 도입한 벨트 콘베이어(생산라인)나 최신 기계를 풀 가동시킴으로서 생산성을 향상시킬 수 있었다. 많은 기업들은 기계와 설비 투자에만 온 힘을 쏟아 부었다.

그러나 시대가 변하여 다품종 소량 생산이 생산의 주를 이루게 되자, 벨트 콘베이어를 이용한 생산방식은 불필요한 낭비만을 초래하기 시작했다. 하지만 설비의존형 생산방식에 익숙해진 사람들은 그 해결책을 찾아낼 수가 없었다. 최신 기계설비만 도입한다면 생산성이 향상될 것이라는 사고방식에 이미 길들여졌기 때문이다. 결국 그들은 보다 최신형 기계설비 도입만이 최선의 해결책으로 생각하기 시작했다.

스스로 절차를 정하는 것이 중요하다

앞서 언급한 A사는 도요타식 생산방식에서 활로를 모색하고자 했다. 고객의 요구에 맞춘 소량의 제품 생산 외에는 앞으로의 경쟁에서 살아남을 수 없다는 것을 실감했기 때문이다. 그러나 새로운 생산방식으로 전환시키기 위해서는 벨트 콘베이어를 다른 것으로 대체해야만 했다. 하지만 그것을 대신할 생산라인은 어디에서도 팔고 있지 않았다.

도요타는 '생산라인은 누군가가 만들어 주는 것이 아니라 스스로 만드는 것이다' 란 철학을 갖고 있다.

외부로부터 기계와 설비를 사들이는 경우에도 그것을 그대로 사용하는 일은 없었다. 직원들 스스로가 자신들이 사용하기 쉽도록 개선하여 사용하는 것이다.

한편 A사의 사원들은 이미 만들어진 생산라인으로 물건을 제조하는데 익숙해져 있었다. 스스로 생각하고 토론하여 기계를 개선해 가는 일 따위는 전무에 가까웠다. 그러므로 새로운 생산라인을 만들기 위해서는 먼저 사원들 스스로가 가장 인상적인 생산라인이 무엇인지 생각해 보는 작업이 필요했다. 그래서 A사의 사원들은 다수의 기업을 방문하여 벤치마킹을 하기로 했다.

물론 A사의 이상과 일치하는 모델을 찾는 일이란 쉽지 않았다. 그러나 A사 사원들은 포기하지 않고 이상적인 생산라인을 만들기 위해 열심히 노력했다. 대부분의 기업들의 경우에는 설비제조업체에 자신들의 희망하는 기계사양을 설명하고 그에 가까운 것을 만들도록 주문한다. 그러나 이 경우, 비용 부담이 큰 것은 물론 결과적으로는 누군가가 만들어 준 것을 사용하는 것과 다를 게 없다.

이윽고 A사는 자신들의 기술을 활용하여 라인을 완성시켰다. 물론 처음부터 완벽을 기대할 수는 없었지만 자신들의 손으로 직접 만든 기계이니 만큼 조금이라도 고장이 나면 즉시 수리하는 것도 가능해졌다. 기계 개선도 전보다 쉬워졌다. 몇 번의 시행착오를 거쳐 드디어 이상적인 생산라인이 완성되었다. 지금은 다른 기업에게 판매해도 좋을 만큼 라인 제조기술 수준이 향상되었다고 한다.

시중에는 새로운 소프트웨어나 기계, 설비가 계속해서 쏟아져 나온다. 원래 새로운 것이란 지금까지의 고민을 모두 해결해줄 것만 같은 착각을 불러 일으키기 마련이다. 그러나 실제로는 각 기업마다 업무방식이나 기업 시스템, 제조방식 등이 천차만별이기 때문에 모든 것이 정확히 일치하는 이상적인 것을 찾기란 거의 불가능한 일이다. 구매한 기계와 설비에 자신을 맞추는 것이 아니라, 개선을 한다거나 여러 가지를 조합하는 과정을 거쳐 자신에게 맞는 기계나 설비를 만들 수 있도록 노력해야 한다. 생산라인을 자신들의 손으로 직접 만들어 보라. 그리하면 어떠한 변화에도 유연하게 대처할 수 있게 될 것이다.

Not all you've learned will be useful.
배운 것을 모두 활용할 수는 없다

일본의 기업들이 미국의 거대한 공장과 생산규모의 장대함을 보고 '일본은 도저히 따라갈 수 없을 것'이라 여겼던 시절이 있었다. 그러나 도요타 에이지 씨는 포드 사를 둘러본 후, '도요타가 모르는 것을 하고 있지는 않다'고 생각했다고 한다. 1960년의 일이다.

인생을 투자하면 이득이 된다

이바라키 현 쥬오 시에는 일본 최고의 숙박시설이 자리 잡고 있다. 10년 넘게 일본 최고의 자리를 지키고 있는 이 숙박시설은 성수기에는 예약 전화가 폭주하여 예약조차 쉽지 않다고 한다. 대부분의 공공 숙박시설이 적자에 허덕이던 시절에도 10년 이상에 걸쳐 많은 고객들에게 사랑을 받을 수 있었다는 것은 대단한 일이다.

필자는 사실 이곳에 가본 적은 없다. 비록 TV를 통해 본 것이긴 하지만 이곳의 지배인인 H씨는 상당한 경영 능력을 갖춘 사람이라고 한다. H씨는 입사 직후인 20대 즈음부터 자비를 들여 전국의 숙박시설을 돌아보며 다양한 서비스를 직접 몸으로 체험해 왔다. 그는 그 경험을 살려 자신이 근무하는 이 숙박시설을 개선하고 이용률을 향상시키는데 성공했다. 그러나 H씨가 다른 곳으로 전근을 가게 되자, 시설의 이용률은 큰 폭으로 떨어지고 급기야 재정위기 상황에 처하게 되었다. 그리하여 시설에서는 30대가 된 H씨를 다시 지배인으로 불러들이기로 결정했다. 그 후 숙박시설은 H씨의 지휘 아래 오늘날까지 끊임없이 시설 개선 활동을 추진해온 결과, 일본 최고의 자리를 차지할 수 있게 되었다.

이 시설은 H씨가 부임했던 당시만 해도 정말 평범하기

그지없는 시골 숙박시설에 지나지 않았다고 한다. 그러나 지금은 리조트 호텔처럼 크고 웅장한 모습을 자랑하고 있다. 하지만 이런 뛰어난 외관보다는 시설에서 근무하는 직원들의 태도와 고객을 배려하는 세심한 서비스가 고객들의 마음을 사로잡았으리라 생각된다. 직접 가보지 않고서는 그 이상의 것을 알 수 없지만, 적어도 공공 숙박시설이 갖고 있는 제약 속에서도 H씨를 비롯한 종업원 한 사람 한 사람이 개선의 노력을 거듭한 결과임에는 틀림없다.

20대라면 어떠한 권한도, 금전적인 여유도 갖고 있지 않은 시절이다. H씨에게 있어 자비를 들여 전국의 숙박시설을 둘러보는 일은 쉽지 않은 일이었을 것이다. 그가 본 것과 배운 것 모두가 반드시 그에게 도움이 되었다고는 할 수 없다. 그러나 만약 그에게 그러한 경험이 없었다면 오늘날과 같은 발전도 없었을 것이다.

유식한 사람보다 지혜로운 사람이 되라

생산개혁의 고문을 맡고 있다 보면 H씨와 같은 인물들과 만나게 되는 일이 종종 있다. 이들은 젊은 시절부터 여러 공장을 견학하거나 관련 서적도 많이 읽어 상당한 지식을 갖고 있으며 자사 제조부문의 문제점도 정확히 파악하고 있는 사람들이다.

그러나 이들은 두 부류로 나뉘어진다. 즉, '지식' 선에서 멈춰 버리는 사람과 자신이 할 수 있는 범위에서 활용하려고 노력하는 사람이다. 후자와 같은 사람들은 상대방으로 하여금 그들과 하나가 되어 응원하고 싶은 마음을 갖게 한다.

한 제조업체에 꼭 후자와 같은 사람이 있었다. '하고 있는 일의 성격상 다른 공장을 조사하거나 연구하는 일이 많지만 그 모두를 전부 활용할 수 있는 것은 아닙니다. 그러나 가끔 자신이 하고 싶은 일과 회사가 원하는 것이 일치할 때가 있습니다. 그럴 때는 지금까지의 경험이 큰 도움이 됩니다. 그 다음은 그것을 어떻게 우리 회사에 맞추어 바꿀 수 있을지를 생각하는 것입니다' 라고 말하는 그의 이야기는 흥미로웠다.

이런 사람은 결코 자신이 보고 배운 것에 압도당하지 않는다. 보고 배운 지식이 자신의 회사에서는 실행 불가능하다고 의기소침해지는 일도 없다. 자신이 갖고 있는 지식들 중에서 활용 가능한 것만을 선택하여 자신의 방식에 맞추어 인용하려고 노력한다. 그러므로 기회만 좋다면 순식간에 회사를 변화시키는 일도 가능한 것이다.

도요타에서는 다른 회사의 공장을 견학한 뒤 보고서를

제출하게 한다. 그러나 단순한 감상만을 늘어 놓는 보고서는 인정해 주지 않는다. 감상에 덧붙여 그것의 문제점은 무엇이었는지, 자사에서 활용할 수 있는 것에는 어떠한 것들이 있는지 등의 과제도 함께 제시해야 한다.

도요타 에이지 씨의 경우에도 그의 저서 "결단"(닛케이 비즈니스맨 문고)을 통해 '포드 사가 도요타가 모르는 일을 하고 있는 것은 아니라고 생각한 것은 사실이지만 그렇다고 해서 감탄하지 않았던 것은 아니었다'는 말을 했다. 그는 그 거대한 생산규모에 압도당하기에 앞서 냉정하게 살펴본 후, 부러워하기보다 장점은 모두 배워야겠다는 사고방식을 갖고 있었던 것이다. 다른 장에서도 언급했지만 실제로 도요타에는 포드 사로부터 많은 힌트를 얻어 도요타식으로 개선시킨 제도나 방식들이 많이 있다.

보고 듣고 배운 것들이 단순한 지식선에서 멈춰 버리는 것은 아까운 일이다. 그 중에서 자신의 일에 활용할 수 있는 것은 없는지, 어떻게 하면 그것을 활용할 수 있는지를 냉철하게 생각해 보라. 그리하면 자신의 일에는 확실한 변화가 생길 것이다.

Learn to tell between 'I decided' and 'Somebody decided'.
내가 정한 것인가
아니면 누군가가 정해준 것인가

도요타식 생산방식의 기본은 '팔리는 제품' 만을 만드는 것이다.

팔리지 않는 것을 팔릴 것이라고 착각하거나, 대량으로 생산하는 것만이 경제적이라고 생각하여 대량으로 생산하여 팔리지도 않을 제품을 재고로 쌓아두는 것이 가장 소모적이기 때문이다.

도요타가 말하는 '당연' 한 것의 대단함

"도요타 에이지 어록"(닛케이 비즈니스맨 문고)에는 '누가 멈추게 한 것이 아니다. 내가 멈춘 것이다' 라는 말이 나온다.

고베 대지진이 일어난 당시, 도요타의 생산라인이 이틀 동안 중단된 일이 있었다. 각 일간지들은 '도요타의 JUST IN TIME은 재검토되어야 한다'고 떠들어 댔다. 이런 기사들이 나온 이유는 '불필요한 재고를 없애고 필요시 필요한 제품만을 필요한 수량만 생산한다' 는 의미인 도요타의 'JUST IN TIME' 방식에 가동중단의 원인이 있다고 생각했기 때문이었다. 그 기사를 본 도요타 에이지 씨는 회사측에 '지진 발생 직후 가동이 중단되었는가?' 하고 물었다. 그러자 담당자는 '지진 발생 후 가동을 중단시켰습니다' 라고 대답했다고 한다.

이 '중단되다' 와 '중단시켰다' 란 말 사이에는 큰 차이가 있다. 도요타 에이지 씨의 설명을 빌리자면 이렇다. '도요타식 생산방식의 위기관리는 고베 대지진과 같은 긴급한 상황에서도 결코 변함이 없다. 늘 하던 대로 생산라인을 정지시켜 문제가 있는 기계를 복구하고 생산을 원래대로 재개했다. 지진 당시 가동이 중단되어 있던 것은 부품이 도착하지 않았거나 인원이 부족했던 탓이지 지진 때문은 아니다. 가동을 중단할 필요가 있다는 판단이 서면 즉시 중단하는 것이 도요타의 생산방식이다.'

당시 대부분 기업들의 생산라인이 며칠 동안 중단된 가운데 도요타는 피해를 입은 제조업체에 지원부대를 파견하기도 했다. 도요타 직원들은 다른 기업이 라인을 복구하고 가동을 재개시키는 데 많은 도움을 주었다. 지진이라는 전례 없는 대규모 재해에 직면했을 때도 '늘 하던 대로' 대처한 도요타식 위기관리의 대단함을 실감할 수 있는 좋은 사례이다. 또한 평소부터 외부적 환경에 의해 '중단되는 것'이 아니라 스스로의 판단에 의해 '중단하는 것'을 당연하게 생각하고 실천하는 도요타의 강점을 엿볼 수 있는 일이기도 하다.

도요타에서는 평소의 관리를 통해 기계 고장을 방지할 수 있다고 생각한다. 기계가 불량품을 생산하는 경우에는 기계를 멈추게 하여 그 원인을 찾아낸다. 그 다음, 동일한 불량품이 나오지 않도록 기계를 개선한다. 외부에 의해 멈추는 것도, 직접 기계를 멈추는 것도 '기계가 멈춘다'는 의미에서 동일시되는 경향이 있다. 그러나 기계가 저절로 멈추는 것과 인간이 자신의 의지로 기계를 멈추게 하는 것은 전혀 차원이 다르다.

수동형에 익숙해지지 말라

오노 다이이치 씨는 '의식하며 일을 하라'란 말을 입버릇처럼 했다.

예를 들어, '기계를 가동하다 보니 나도 모르는 사이 일이 끝났다'란 식의 '일'은 '일'이라 부를 수 없다고 한다. 필요수량 이상으로 생산된 제품은 '재고'라는 낭비를 초래한다. 그러므로 필요한 제품을 얼마만큼 싸게 만들 수 있는가가 관건이 되는 것이다. 필요 이상의 생산을 방지하고 한정된 수량의 제품을 싸게 생산해 냄으로서 이익을 창출한다. 이것이 바로 '일'을 하는 것이다.

'상부에서 시키는 대로 하다보니 제품이 완성되었다'는 사고방식에도 문제가 있다. 좋은 제품을 저렴하고 신속하게 만들 수 있는 방법을 사원 한 사람 한 사람이 열심히 연구하고 개선을 거듭해야만 한다. 이것이 바로 진정한 의미의 '제조'이기 때문이다.

보다 적극적으로 일에 임할 수 있는 방법에 관해 오노 다이이치 씨는 "현장 경영"(일본능률협회 매니지먼트센터)이란 책에 이런 글을 실었다.

"누군가가 결정한 것을 지키는 것이라 하더라도 그것을 '내가 결정한 것을 지킨다'는 사고방식으로 바꾸어야 한다. 일단은 정해진 대로 실행해 보라. 그러나 그것을 지킬 수 없었다면 그 방식에 문제가 있는 것이 아닌가하는 의문을 가져보라. 다양한 관점에서 생각하고 좋은 개선책이 떠오르면 즉시 시도해 본다. 그렇게 하면 '정해진 것을 지키는 것'이지만 궁극적으로는 자신이 결정한 것을 실행하는 것이 된다"

'정해진 것을 지키라'고 하면 우선 반발부터 하는 사람들이 있다. 어딘지 모르게 강요당하는 느낌을 받기 때문일 것이다. 이런 방식으로는 상부에서는 '지켜라', 하부에서는 '못 지킨다' 식의 입씨름으로 발전하고, 결국 상부에서는 '지키지 못한다면 제재를 가하겠다' 는 결론을 내리기에 이를 것이다.

도요타에서는 '정해진 것'을 스스로가 '정한 것'이라고 받아들이는 시스템이 정착되어 있다.

예를 들어, 원칙적으로 기업의 표준 작업방식은 지켜져야 하는 게 당연하지만 작업을 계속하는 사이 여러 가지 문제점이 발견될 수도 있다. 그런 경우, 스스로 개선책을 생각하여 보다 나은 방향으로 개선해 보라. 지혜를 활용함으로서 '정해진 것'이라, 여겨져 왔던 표준 작업이 어느새 '자신이 결정한' 방식으로 바뀌어 가는 것이다. 스스로가 정한 것이라면 자기 스스로부터 지키는 것은 당연하다.

수동적인 자세로 일을 하고 있기 때문에 '중단되다', '만들어지다', '정해지다'라는 인식을 갖게 되는 것이다. 능동적인 자세를 가지고 일에 임하고 적극적으로 지혜를 짜내는 노력을 거듭한다면 위와 같은 것들은 '내가 중단시킨 것', '내가 만든 것', 그리고 '내가 정한 것'으로 바뀔 것이다. 의식과 일에 대한 자세를 바꾸는 것만으로 지금까지 수동적으로 해오던 일이 능동적으로 바뀌게 된다.

Don't leave the thinking to others.

생각하는 수고를
다른 사람에게 미루지 말라

한 제조업체의 자회사가 위기에 직면하게 되었다. 주력제품의 관리를 대부분 해외공장에 이전하게 되었기 때문이다. 이대로 가다가는 적자를 면치 못하게 된다. 최악의 경우 공장이 문을 닫을 수도 있다. 그럼에도 불구하고 직원들은 모회사가 어떻게든 도와줄 것이라는 착각에서 벗어나지 못하고 있었다.

도와달라는 말을 금언으로 삼아라

　2001년 세계선수권대회 400미터 허들에서 3위로 입상하여 트랙 종목으로서는 일본 남자 최초로 메달을 획득한 다메스에 다이 선수가 출신지 히로시마의 대선배인 오다 미키오 씨(암스테르담 올림픽 세단뛰기 금메달리스트)에 관해서 이러한 말을 한 적이 있다.
　'오다 선생님은 뛰어난 체격조건을 갖고 있었다. 승부에 대한 그의 집념도 대단했다. 그러나 무엇보다 훌륭했던 것은 풍부한 그의 발상이었다. 또한 그는 모든 것을 스스로 생각하고 도전하는 자세도 갖고 있었다. 항상 전례가 없는 것에 도전하는 그의 자세가 일본에 사상최초의 금메달을 가져다 준 것이다. 가장 중요한 것은 스스로 생각하여 행동하는 것이라는 사실을 처음으로 깨닫게 되었다'
　다메스에 다이 선수는 신장 170센티미터에, '사상 최소의 허들주자' 라 불리고 있는 만큼 체격조건은 뛰어나지 않다. 그럼에도 해외에 나가 적극적으로 새로운 발상과 지식을 최대한 배우고 익혀서 코치에게 의지하기보다 스스로의 연구와 행동을 통해 세계와 싸워 나가는 힘을 키워 왔다. 다메스에 선수는 오다 씨에 관해 자세히 알고 난 후, 70년이나 앞서 자신과 같은 사고방식을 가지고 세계를 제패한 선인의 위대함에 숙연해지는 한편 큰 용기를 얻게 되었다고 한다.

요즘은 스포츠 그룹경기에서도 '자립과 자율'이란 말을 자주 들을 수 있다. 감독이나 코치가 지시한 대로만 연습을 해서는 언젠가는 한계에 도달할 수밖에 없다. 기본적인 연습내용을 바탕으로 스스로 연구하여 활용하지 않으면 진정한 실력은 향상되지 않는다. 그렇다고 해서 대충대충 하거나 자기 멋대로 하는 것은 금물이다. 즉, 자립하면서도 자기 자신을 다스릴 줄 아는 능력이 필요하다는 뜻이다.

일도 마찬가지이다.

앞에서 소개한 모회사와 자회사의 이야기는 흔히 볼 수 있는 경우다. 과거의 모회사와 자회사의 관계는 악어와 악어새 같은 공생관계였다. 모회사는 자회사를 이용하고 자회사는 어려움에 처하면 모회사의 도움을 받았다. 자회사가 주력제품의 관리를 해외공장에 넘겨주면, 모회사가 그것을 대체할 다른 제품을 넘겨줄 것이라 기대하는 것도 무리는 아니었다.

스스로 해결하기보다 모회사가 어떻게든 도와줄 것이라고 판단해 버리는 자회사의 자세는 자립과는 거리가 멀다. 그러나 더이상 그러한 사고방식을 갖고서는 살아남을 수 없다.

지시한 대로만 생각하지는 말라

이 자회사가 자립에 대한 뜨거운 집념을 품기 시작한 것은 모회사로부터 아무런 도움을 받을 수 없다는 것을 알고 난 뒤였다. 재정악화와 공장폐쇄를 막기 위해서는 자회사 스스로가 어떻게든 살아남기 위한 방법을 찾아보는 수밖에 없었다. 그리하여 도요타식 생산방식을 통한 개혁에 착수하게 되었다. 자립에 대한 강한 집념을 버팀목 삼아 스스로 연구하며 작업을 진행시킨 결과, 어디에도 뒤쳐지지 않는 '스스로 만들 수 있는 능력'을 익히는 데 성공했다. 이렇듯 스스로 생각하고 그에 책임을 질 줄 아는 자세가 무엇보다 중요하다.

제품을 만드는 것도 이와 마찬가지다. 상부에서 지시한 대로의 제조방식에 익숙해져 버리면 '언제까지 몇 개'는 만들 수 있어도 질 좋은 제품을 신속하고 경제적으로 생산하기 위한 개선책을 스스로 생각하는 것은 불가능해진다. 열심히 만들기는 하지만 제품이 팔리든지 말든지 점점 관심이 없어지게 되는 것이다. 이래서는 '일'을 계속하는 의미가 없다.

모회사의 입장에서 보면 전략상의 이점이 없어진다면 자회사의 존재 가치는 사라진다. 자립이 불가능한 자회사는 가차 없이 버림받을 수밖에 없는 것이다.

개인도 마찬가지이다. 도요타는 사원 한 사람 한 사람에게 생산현장에 모든 자율신경을 쏟아 붓고 조금씩 조정해 가는 능력을 가르친다. 사원들 스스로가 현장에서 쏟아져 나오는 개선책을 통해 매일매일 개선 활동을 추진하고, 보다 양질의 제품을 싸고 빠리 만드는 데 노력하고 있다. 그렇기 때문에 일일이 상부에서 지시하지 않아도 판매상황에 맞추어 제품을 생산하는 도요타식 생산방식이 실현될 수 있었던 것이다.

같은 일을 계속 반복하는 것이 용납되지 않으며, 개선 능력이 없으면 인정받을 수 없다. 이것이 바로 도요타의 철학이다.

일을 할 때에는 두뇌를 활용해야 한다. 그런 의미에서 '생각하는 자세'는 매우 중요하다고 할 수 있다. 그와 함께 무엇인가를 늘 시도하려하는 행동력이 뒷받침되는 사람은 일을 통해 자신을 향상시킬 수 있다.

늦은 것은 나쁘다. 그러나 빠른 것은 더 나쁘다

　신속함을 경쟁하는 서비스업이 있다.
　사진관은 '30분 완성', 세탁소는 '아침에 맡기고 저녁에 찾는다'는 식의 선전문구를 내세운다. 이러한 신속함은 바쁠 때는 확실하게 도움이 된다. 그러나 때로는 그 신속함이 오히려 곤란한 상황을 만들기도 한다.
　계절이 바뀌면 철이 지난 옷을 한꺼번에 맡기러 오는 손님들이 많아진다. 옷을 맡기는 세탁소 모두가 오늘이나 내일 안에 찾아갈 수 있는 신속한 서비스를 주무기로 내걸고 있다. 점포에 따라서는 일주일 혹은 열흘 정도의 보관기간을 정해 두고 그 기간을 넘기면 보관료를 징수하는 곳도 있다. 세탁소 측도 이 시스템에 대해 미리 고객에게 설명하고, 고객도 이를 잘 알고 있다. 그래도 어딘지 모르게 이해가 가지 않는 부분이 있다.
　세탁소의 입장에서 생각해볼 때 '오늘 완성' 혹은 '내일 완성'이란 시스템은 상당한 부담이 된다. 특히 계절이

바뀌는 때에 대량으로 맡겨진 의류를 시간에 맞추어 완성시키기 위해서는 밤샘 작업을 해야 하는 경우도 많다. 일의 굴곡을 가능한 줄여 일의 양을 '평준화' 시키려는 도요타의 사고방식과는 너무나 다르다.

성수기와 비수기의 차이가 비정상적으로 심해지면 성수기에 맞추어 설비를 마련하거나 일할 사람을 따로 구해야만 한다. 일이 갑자기 많아져도 무리를 해서라도 그에 맞추어야 하며, 그로 인해 결국 낭비가 생기는 것이다.

고객의 관점에서 생각해 봐도 계절이 바뀌어 철 지난 옷을 당일이나 다음 날 찾아가야겠다고 생각하는 사람은 거의 없을 것이다. 오히려 수납할 공간을 고려하면 다음 계절에 다시 입을 때까지 보관해 주었으면 하는 심정이다. 그럼에도 불구하고 세탁물은 너무나도 빨리 완성된다. 세탁소 입장에서도 장기간 보관할 만한 공간이 없기 때문에 빨리 세탁물을 찾아가 주었으면 하고 생각하게 된다.

평소에는 고맙게 느껴지는 서비스도 때에 따라서는 이렇게 달라진다는 것을 보여주는 좋은 예이다. 주간 다이아

Column

몬드 2002년 12월 7일호에 따르면 이러한 문제점을 파악하고 변혁을 시도하는 세탁소도 나타나기 시작했다고 한다. 이러한 움직임이 더욱 확산되어야 할 것이다.

도요타는 '늦은 것은 나쁘다. 그러나 빠른 것은 더 나쁘다'는 철학을 갖고 있다.

고객의 요구에 맞추어 생산을 하다보면 생산 평준화도 가능해지고, 고객의 만족도 또한 높아진다. 서비스업에 있어서 신속함이란 틀림없이 좋은 무기가 된다. 그러나 고객이 서비스의 속도와 가격까지 선택할 수 있게 된다면, 고객 만족도는 지금보다 더욱 높아질 수 있다.

서비스업에도 '필요한 때에 필요한 것을 필요한 만큼만'이라는 철학이 기본이 된다.

Point

'성공법'을 개선하라

1. 수단 및 방법은 장점만을 활용하여 자신들의 방식에 맞추어 개선한다.

2. 도요타에서는 성공적인 개선 활동은 모두에게 공개한다.

3. 배운 것이나 지시 받은 대로만 실행하는 것은 결코 발전적이지 못하다.

4. 같은 일을 계속 반복하는 것이 용납되지 않으며, 개선 능력이 없으면 인정받을 수 없다.

5. 고객의 가장 가까운 곳에서부터 개선을 시작하여 점차 전 공정으로 확대해 나간다. 협력업체에 부탁하는 것은 모든 개선이 완료된 다음이다.

6. '생산라인은 누군가가 만들어 주는 것이 아니라 스스로 만드는 것이다' 라고 생각한다.

7. 업무상의 낭비에 대해서는 엄격하다. 그러나 직원들이 지혜를 짜내고 그것을 실행하는 과정에서 발생하는 시행착오는 낭비로 보지 않는다.

8. 늦은 것은 나쁘다. 그러나 빠른 것은 더 나쁘다.

제**2**장

원인은 자신에게 있다고 생각하라

Don't work for your own convenience.
자신의 편의대로 일을 하지 말라

규동(일본식 불고기 덮밥)으로 유명한 요시노야는 70년대에는 한때 '빠르다, 맛있다, 싸다'를 선전문구로 삼았으나, 지금은 '맛있다, 싸다, 빠르다'를 내걸고 있다. 고객들이 '신속함'을 원했던 시절에는 신속함을 판매전략으로 삼고, 오늘날과 같이 '맛'을 더욱 중요시하는 시대에는 맛을 부각시킴으로서 고객들의 성향에 맞추어 변화를 거듭한 것이다. 그러나 이러한 변화를 깨닫지 못하는 사람들이나 기업들도 아직 많이 존재한다.

왜 고객의 논리가 보이지 않는 것인가

야마토 운수의 전 회장 오구라 쇼오 씨의 저서 "경제학"을 읽고 야마토 사의 서비스의 철학은 어디까지나 '고객의 입장에서 생각하는 데 있다'는 것에 감탄한 일이 있었다.

한 예를 들어보자. 어느 날 오구라 씨가 직원들을 불러 놓고 이렇게 물어보았다. "우리 야마토 운수는 '익일 배달'을 마케팅 전략으로 삼고 있다. 그러나 실제로는 고객에게 시간에 맞춰 물건이 전해지지 않는 일이 많다. 그 이유가 무엇인가?" 그러자 사원들의 대답은 '고객이 부재중이어서 다음 날 다시 배달하게 되는 경우가 많다'였다. 오구라씨는 '고객이 부재중이라면 어쩔 수 없다'며 당시에는 납득했다고 한다. 그러던 어느 날, 오구라 씨는 직원들의 사고방식이 잘못되었다는 것을 깨닫게 되었다.

야마토 운수의 직원들은 '일부러 배달하러 갔는 데도 물건을 전해 주지 못한 것은 집을 비운 고객의 책임이다'라고 생각하고 있었던 것이다. 한편 고객은 '하루 종일 집을 비운 것은 아니다. 그러니까 하필이면 부재중에 찾아온 야마토 운수에 책임이 있다'라고 생각한다.

이렇게 서비스 제공자와 이용자의 논리는 때때로 상반되는 경우가 많다. 그러나 오구라 씨는 '서비스 제공자가 자신의 입장만을 생각하는 것은 잘못된 것이다'란 생각이 들었다고 한다. 결국 고객이 부재중인지 아닌지를 반드시 미리 전화로 알아볼 것을 직원들에게 지시했다. 그로부터 배달시간의 연장이나 배달시간 및 요일 지정, 그리고 수취인이 e-메일로 택배를 받는 시간을 변경할 수 있도록 하는 등 몇 가지 서비스를 만들어 냈다. 택배 서비스가 없었던 시절, 우체국 소포나 철도 화물이 얼마나 번잡하고 불친절했는지를 기억하고 있는 필자의 입장에서 생각하면, 택배 서비스는 그 자체로도 이루 말할 수 없을 만큼 편리하다. 그럼에도 택배 사업은 이용자의 편의를 높이기 위해 하루하루 개선을 거듭해 가고 있다. 그렇기 때문에 변함없이 고객의 사랑을 받을 수 있는 것이 아닌가 생각해 본다.

앞에 등장했던 요시노야의 사례에서도 알 수 있듯이 고객의 취향은 나날이 바뀌어 가고 있다. 선풍적인 인기를 불러 일으키던 상품이나 서비스의 인기가 눈 깜짝할 사이에 식어 버리는 것도 이미 흔한 일이다. 100엔 숍(한국의 천냥 백화점처럼 100엔으로 아무거나 살 수 있는 곳)과 같은 곳에서는 '대량 주문, 대량 판매가 인기의 비결'이라 말한다. 그러나 실제로는 과잉생산으로 치닫는 것을 막기 위해 단기계약을 맺거나 제품 100만 개를 발주하는 경우에도 처음 30만 개와 나머지 70만 개는 질감과 색상을 변화시키는 등 고객의 취향에 맞추어 대응할 수 있도록 다양한 아이디어를 짜내고 있다. '대량 주문, 대량 판매'의 뒷면에는 고객을 끌어 모으기 위한 100엔 숍 회사의 끊임없는 노력이 숨겨져 있다.

영원한 고객은 없다

요시노야가 '맛있고 싸고 빠르다'를 판매전략으로 내걸고 있듯이, 제조업도 '품질, 납기, 비용'의 3요소 중에서 하나의 특징이라도 잘 갖추어야 경쟁에서 살아남을 수 있다.

특히 최근에는 변화의 속도가 빠른 만큼 '납기'가 중요하게 여겨지고 있다. 생산하는데 1-2주 걸렸던 제품을 하루 이틀 사이에 납품할 수 있게 된다면, 다소 가격이 비싸더라도 틀림없이 상품성이 생긴다. 물론 너무 비싸다면 얘기가 달라지지만, 어쨌든 '신속함'은 무기가 된다.

그러나 한편으로 이러한 변화를 눈치 채지 못한 사람, 눈치 채려고도 하지 않는 사람들도 있다.

견적을 보내 달라면 며칠씩 걸리고, 샘플을 만들어 달라면 몇 주가 걸리는 사람들이 바로 그들이다. 이런 방식에 익숙한 사람이나 기업은 신속함을 주무기로 하는 사람이나 기업에 일을 빼앗길 수밖에 없는 것이다.

고객의 요구는 변함없는 것이라고 착각하거나, 기존의 방식을 재검토해 보려고도 하지 않는 사람들 또한 그렇다. 고객 발길은 점점 멀어지고 경쟁에도 뒤쳐질 수밖에 없다.

하지만 냉정하게 한번 생각해 보라. 누구를 위해 개선을 하고 있는 것인가. 개선이란 바로 고객을 위해 존재하는 것이다.

도요타는 고객의 취향이 하루가 다르게 변화하는 만큼, 기업도 변화를 거듭하여 고객의 수요를 창출해 내야만 한다고 생각한다.

제품이 팔리지 않거나 고객이 적은 것을 불황이나 고객의 탓으로 돌려서는 안 된다. 아무리 노력해도 고객의 변화에 대응하지 못하는 기업의 결말은 불을 보듯 뻔하다.

상품 판매자와 구매자, 서비스 제공자와 이용자의 논리는 아무래도 상반되기가 쉽다. 그러므로 제품이나 서비스를 생산, 제공하는 쪽이 먼저 시대의 변화에 맞추고, 이를 통해 고객과의 거리를 좁혀 나갈 필요가 있는 것이다. 그리하면 수요는 얼마든지 창출해 낼 수 있다.

Look for causes in yourself.
원인은 나에게 있다

'고객 만족'을 추구하기란 쉽지 않은 일이다. 늘 혼잡한 한 복사전문점은 단 한 장의 복사만 하면 되는 손님에게도 '기다리는 사람이 많으니 기다려 주십시오'란 말로 넘어가기 일쑤였다. 이 복사전문점은 입으로는 '고객 편의'를 부르짖으면서, 사실은 자신들의 편의대로만 일을 하고 있었던 것은 아닐까?

'기다리게 하는 병원'이 주는 교훈

한 수산업협동조합의 이야기다.

과거에 수협은 잡은 생선 중에서 죽은 생선은 중개인에게, 활어는 한꺼번에 거래처에 넘기는 것을 관행으로 여겨 왔다고 한다.

그러나 최근에는 소비 패턴이 바뀌었기 때문에 한꺼번에 생선을 구매해 주는 곳이 아무데도 없다. 주문에서 발송, 영업에 이르기까지 조합원들이 직접 하지 않으면 이윤이 남지 않는다. 게다가 단골 슈퍼마켓이나 음식점은 당일에 판매할 것만을 소량으로 가져다 줄 것을 요구한다. 대량 포획, 대량 판매에 익숙해져 있던 조합원들에게 이런 주문은 번잡하기 그지없는 일이었다. 그러나 결국 수협은 살아남기 위해서는 고객의 편의가 무엇보다 중요하다는 것을 깨닫게 되었고, 현재는 필사적으로 변화를 위해 노력하고 있다고 한다.

'대량 생산은 산지의 편의, 소량 생산은 고객의 편의' 라는 점을 깨닫고, 고객의 요구에 부응하기 위해 노력하고 있는 수협은 그나마 다행스러운 편이다. 아직까지 고객의 편의에 대해 아무런 관심도 갖지 않는 업계가 많이 있기 때문이다.

그 중에 대표적인 것이 바로 의료분야다.

최근 대부분의 병원들은 재정악화와 환자수의 감소에 고심하고 있다. 필자에게 고문을 의뢰한 병원도 매년 환자수가 줄어드는 경향이 두드러져, 앞날에 대한 불안을 안고 있었다. 하루 종일 병원 안을 꼼꼼히 둘러본 결과, 환자의 대기시간이 너무 길다는 것에 놀랐다.

이 병원만에 국한된 이야기는 아니다. 대부분의 병원들은 너무 오랫동안 환자들을 기다리게 한다. 단 5분도 걸리지 않는 진료를 받기 위해 환자들은 이른 아침부터 두세 시간씩 기다려야만 한다. 진료가 끝난 후에도 수납창구나 약국 등에서 또 긴 시간을 기다린다. 게다가 앞으로 얼마만큼 기다리면 되는지 아무도 가르쳐 주지 않는다. 진료를 받고 집으로 돌아오기까지 반나절 이상이 걸린다.

이렇다면 정말 시간 여유가 많지 않는 한, 쉽게 병원에 갈 엄두가 안 나게 된다. 설상가상으로 건강보험제도가 개정되어 자기부담이 늘어나고 있기 때문에 될 수 있는 한 병원에 가지 않으려고 하는 사람이 늘어나고 있다.

그러나 병원 측이 이런 상황을 이상하게 여기는 모습은 전혀 없었다. 오히려 사람이 많으니까 기다려야 하는 것은 당연하지 않느냐며 반문한다. '환자라면 기다려라'는 식의 논리이다.

그러나 환자를 '고객'으로 생각한다면 어떨까. 고객을 아침부터 몇 시간이나 기다리게 한 끝에, 2, 3분만 얼굴을 내비친 뒤 다음 고객이 기다리니 빨리 돌아가라고 한다. 당신이 고객이라면 어떻겠는가. 화가 나는 게 당연하지 않겠는가?

수고를 아껴서 고객을 잃고 있지는 않은가

자신의 편의대로 일을 하는 것은 비단 병원만의 이야기는 아니다.

내 편의대로 하는 것은 편하지만 고객의 편의에 맞추는 것은 때때로 혼란을 초래하는 경우가 있다. 앞에 등장한 복사전문점의 예로도 알 수 있듯이, '기다리는 사람이 많으니까' 늦게 온 손님이 기다리는 것은 당연하다. 또한 복사점의 관점에서 생각하자면 가장 편한 방법이기도 하다. 고객의 편의를 우선해야 한다고 생각하면, 급한 손님을 위해 가동 중인 복사기를 일단 정지시키고, 하나하나 설정을 다시 하고 복사를 해야 하는 번거로움이 생기기 때문이다. 그러나 그것은 자신들의 편의를 위해 고객의 귀중한 시간을 낭비할 것인지 아니면 고객을 위해 수고를 아끼지 않을지의 차이에 불과하다.

　제조업의 세계에서 가장 이상적인 생산방식은 동일한 제품을 계속하여 생산하는 것이다. 반면 가장 이상적이지 못한 것은 고객의 요구에 맞추어 한 개씩 제품을 생산해 내는 방식이다. 만들 때마다 순서와 방식을 달리해야 할 경우 일반적으로 생산성이 낮아지고 제품의 가격도 높아지게 된다. 그러므로 대부분의 기업들은 오랜 시간동안 전자와 같은 대량 생산방식을 고수해 왔다.

　이에 반해 도요타는 후자의 생산방식을 고집한다. 고객이 필요로 할 때, 필요한 제품을 필요한 만큼 제공할 수 있는 방법을 연구해 왔다. 고객이 한 대 한 대 서로 다른 자동차를 구입하는 이상, 제조하는 쪽도 이러한 시장 상황에 맞추는 것이 당연하다는 생각에서였다.

　물론 고객의 편의에만 맞추어 자동차를 만드는 일이 쉬운 것만은 아니다. 얼마나 짧은 시간 안에 생산방식을 변환시킬 수 있을지, 기계의 조정을 얼마나 줄일 수 있을지 등 오랜 시간에 걸쳐 끊임없이 개선을 거듭해 왔기 때문에 실현될 수 있었던 것이다.

　고객이 줄어 들었다고, 또는 제품이 팔리지 않는다고 한탄하는 사람들이 많다.

그러나 그 원인이 자신의 방식에 있다고 생각하는 사람은 적다. 그런 방식에 길들여져서 그것이 더 편하다는 이유로 자기편의에 맞춘 방식을 고수하다 보면, 결국 고객은 하나 둘씩 멀어져 간다. 그러므로 일하는 방식의 중심을 자기편의에서 고객의 편의로 전환시켜야만 하는 것이다.

고객과 가까운 곳에서부터 개선하라
Make improvements from a position near the customers' side.

제조업계의 영원한 과제는 '얼마나 좋은 상품을 저렴하고 신속하게 만들 수 있는가'이다. 이 과제를 해결하기 위해서는 비용 절감과 생산 방식에 관한 끊임없는 연구와 노력이 필요하다. 그러나 대부분의 기업들은 비용을 절감하기 위해 스스로 노력하기보다 '얼마나 싸게 원료를 사들일 수 있을까'에만 집착하고 있다.

'고통'에서 지혜가 태어난다

한 기업의 경영자가 '치열한 가격경쟁에서 살아남기 위해서 어떻게 하면 저렴하고 질 좋은 서비스를 고객에게 제공할 수 있을지 해결책을 찾아오도록' 부하 직원들에게 지시했다. 며칠이 지나 올라온 해결책은 거의 대부분이 '자회사나 협력업체로부터의 납품 받는 원료가격을 몇 % 낮추면 된다'는 내용이었다.

경영자는 '자회사나 협력업체에 피해를 강요하는 것들뿐이다. 비용 절감을 위해 도대체 우리 회사는 어떤 노력을 할 계획인가. 자신들은 아무런 고통도 받지 않으면서 다른 이의 피와 땀으로 이득을 보려는 생각만 하고 있는 것은 아닌가'라며 부하 직원들을 질책했다.

지금까지 대부분의 기업들은 자회사나 협력업체로부터 납품 받는 가격을 낮춤으로서 비용 절감을 실현시켜 왔다. 물론 양질의 원료를 싸게 구입하는 능력도 구매담당자가 갖추어야 할 역량 중의 하나인 것은 사실이다. 또한 오늘날과 같은 전자상거래 시대에는 수직적 계열체제에서 탈피하여 전 세계에서 가장 저렴하고 질 좋은 제품을 납품 받는 것도 중요한 기업 전략이 될 수 있다. 그런 의미에서 비용 절감 방안의 하나로 위와 같은 방법을 제시하는 것이라면 문제가 될 리 없었다.

경영자가 격노한 것은 납품받는 가격만 낮추면 된다며, 다른 방법은 생각해 보려고 하지 않는 부하 직원들의 안이한 자세 때문이었다. 이들 부하 직원은 자회사나 협력업체에 모든 부담을 전가할 것만을 생각했지, 스스로 고통을 감수하거나 자신들의 머리로 지혜를 짜내려는 노력은 조금도 하지 않았다. 이는 바람직하지 못한 방식이다.

도요타가 말하는 개선이란 고객의 가까운 곳에서부터 시작하는 것이다. 고객에게 좋은 제품을 저렴하고 신속하게 제공하기 위해서는, 먼저 재고에 의지하지 않고 리드타임(제품조달기간)을 가능한 단축해야만 한다.

한 침대 제조업체는 오전 중에 주문을 받으면 2시간 내에 제품을 만들어 저녁에 배달해 주는 생산 및 판매 방식을 갖고 있다. 쓸데없는 재고를 만들지 않기 때문에 저렴한데다가 고객의 취향에 맞추어 제품을 생산할 수도 있다. 생산 방식에 약간의 개선을 더하는 것만으로 저렴하고 질 좋은 제품생산을 가능하게 한 좋은 예이다.

먼저 내가 변해야만 상대방에게도 요구할 수 있다

대부분의 기업은 생산방식 자체는 바꾸지 않으면서 원료 납품가격만을 낮추어 비용 절감을 시도하려 한다. 그러나 실제로는 제조공정 속에야말로 불필요한 낭비가 많이 포함되어 있기 때문에, 그것만 줄여도 생산성은 눈에 띄게 향상된다.

그럼에도 불구하고 그들이 생산방식을 바꾸려고 하지 않는 이유는 방식을 바꾸면 여러 가지 문제가 발생하거나, 고통이 수반되는 경우가 있기 때문이다. 하지만 그것을 피하기 위해 자회사나 협력업체에 대한 책임 전가로만 치닫는 것은 너무 안이한 자세이다.

도요타의 철학은 고객의 가장 가까운 곳에서부터 개선을 시작해 간다는 데 있다. 예를 들면 재고를 없애고 고객에게 양질의 제품을 신속하게 제공할 수 있는 방법을 연구한다. 재고를 다량으로 보유하고 있으면 주문에 바로 대응할 수는 있으나, 쓸데없는 재고는 오히려 가격을 끌어올리기 때문에 리드타임을 최대한으로 단축시킬 수 있도록 노력한다.

물론 개선을 시작하는 시점에서는 많은 애로사항들이 발생한다. 부품이 준비되지 않았다든가, 공구를 사용하기 어렵다는 등의 문제들이 나타난다. 그러한 문제점을 꾸준히 해결해 가면서 이상적인 제조방식에 접근해 간다. 그리하여 어느 정도 자사의 생산체제가 구축되면, 그 다음에 자회사나 협력회사에 '생산방식을 바꾸었으니 납품방식을 바꾸어 주었으면 한다'고 의뢰하는 것이 순서이다.

먼저 납득이 갈 때까지 스스로의 방식을 개선해 보는 것이 중요하다. 개선의 목표가 확실하게 설정되면 다른 회사에도 '우리 회사는 생산방식을 개선하여 이만큼 저렴하게 물건을 생산할 수 있게 되었으니, 업체 측도 제조방식을 연구하여 보다 저렴하게 원료를 납품할 수 있도록 협력해 주십시오.' 라고 부탁할 수 있게 되는 것이다.

'고객의 가장 가까운 곳부터 개선을 시작하여 점차 전(全) 공정으로 확대해 나간다. 협력업체에 부탁을 하는 것은 모든 개선이 완료된 다음이다.' 도요타는 이것을 철칙으로 삼고 있다. 자사의 방식에는 손도 대지 않은 채 협력업체에만 무리한 요구를 관철시키는 것은 개선이라고 말할 수 없다. 그것은 단순한 '고통의 전가', '이익의 착취'에 지나지 않기 때문이다.

일을 하다보면 자신도 모르게 무조건 자신의 입장은 보류해 두고 상대방에게 무리한 요구를 하는 경우가 있다. 이것은 분명 편한 방식일 수는 있지만 바람직하지는 않다. 가장 바람직한 방식은 스스로의 지혜를 통해 가까운 곳에서부터, 가능한 것부터 변화시켜 가는 것이다. 변화를 싫어하는 사람일수록 상대방에게 변화를 요구한다. 그러나 자신이 변화해야만 상대방도 변화할 수 있다는 사실을 명심하라.

Find things that should not be changed.
바뀌어서는 안 되는 것들을 발견하라

관광객의 감소로 경영난에 빠진 호텔이 있었다. 종업원의 대부분을 파견사원이나 비정규직으로 대체하고, 호텔이 주무기로 내세웠던 특선 생선요리도 자연산이 아닌 양식이나 냉동으로 바꾸었다. 비용 절감 효과는 있었으나 요리의 맛과 서비스의 질은 눈에 띄게 저하되었다.

비용 절감과 품질 향상의 출발점

'매출과 고객수를 줄이고 싶으면 이 방법을 쓰면 된다는 견본 같은 것은 전부 해본 셈이지요'. "요시노야의 경영학"에 실려 있는 아베 슈지 사장의 말이다.

요시노야는 예전에 법정관리를 받은 적이 있었다. 당시 요시노야는 급성장하는 기업으로서 주목받고 있었으나, 선전문구인 '맛있다, 싸다, 빠르다' 가운데 '싸다'에 너무 치우친 나머지 모든 경영 방침을 저비용화에 집중시키게 되었다. 비용을 절감하기 위해 고기는 냉동건조로, 쌀도 최하품으로 바꾸어야 했다. 맛이 떨어지는데 가격은 비싸졌다. 말그대로 해서는 안 될 것을 모두 해버린 셈이다. 이것이 고객기피와 기업 파산의 원인이 되었다.

그 후 요시노야는 끊임없는 연구와 노력을 통해 눈부신 재건에 성공한 뒤, 파산의 이유에 대해 철저하게 분석하기 시작했다. 이 분석을 바탕으로 규동만을 단품으로 판매하는 경영방침을 고수하면서, 저렴한 가격의 희생양이 되었던 맛의 부활에 힘썼다.

오늘날에는 가격경쟁이 치열하기 때문에 요시노야가 안이한 방법으로 비용을 절감시키려 했던 당시 이상으로 각 기업의 전략이 저비용화로 치닫게 될 우려가 있다. 관광호

텔의 경우도 그 중 하나일 것이다. 비용을 절감하기 위해서 가장 먼저 인건비부터 줄인다. 정규직을 파견사원으로 대체하거나 임금 삭감을 단행한다. 동시에 원료 납품가격을 인하시키기 위해 품질 저하를 감수하고라도 저렴한 제품을 선택한다.

이와 같은 방식은 일시적으로 이익을 회복시켜 줄 수는 있을지도 모른다. 그러나 결국 사원들의 의욕과 서비스의 질을 저하시키고, 단골 고객까지 하나둘 씩 잃는 결과만을 초래할 것이다. 또다시 실적은 악화되고 결국 기업은 파산 위기에 직면할 수밖에 없다.

이러한 의미에서 무엇인가를 바꿔 간다는 것이 얼마나 어려운 일인가를 실감할 수 있다.

각 기업의 입장에서 비용 절감은 지상최대의 과제이다. 그러나 잘못된 방식을 택하면 소중한 고객을 잃는 결과만을 초래한다. 즉 개선에는 올바른 방식이 있다. 바꿔도 되는 것과 바꿔서는 안 되는 것을 냉정하게 판단하라.

판단이 흔들리면 방법도 흔들린다

비용 절감을 할 때 가장 해서는 안 되는 세 가지 방식이 있다. 그 세 가지는 바로 무조건적인 임금 삭감과 납품가격 인하, 그리고 모든 비용을 일률적으로 삭감하는 방식이다.

그 이유는 소중한 것을 잃는 결과만을 초래하기 때문이다.

한 식품제조업체가 비용을 반으로 절감하는 것에 도전했다. 도요타식 생산방식의 도입을 통해 제조방식을 철저하게 개선하는 한편 재료의 저비용화를 추구했다. 지금까지는 최고급 재료만을 사용해 왔던 업체였기 때문에 저렴한 재료를 찾기란 그리 어려운 일이 아니었다. 그러나 기존의 맛과 질을 유지하기 위해서는 아무 재료나 값만 싸다고 선택할 수 있는 것은 아니었다. 몇 종류나 되는 재료를 준비하고 가공방식을 조금씩 달리하면서 꾸준한 연구와 노력을 거듭했다.

개선이란 실험과 실패의 반복이다. 실험하고 실패하고 또 실험해야 한다. 물론 시간도 걸리고 번잡스럽기도 하지만, 이러한 반복을 통해 비로소 맛과 가격에서 납득이 되는 제품이 완성되는 것이다.

신속한 의사 결정을 표본으로 삼아 단 한번에 개선하는 것도 나쁘지는 않지만, 바꾼 뒤에 실패하면 후회되는 것은 더욱 많아진다.

무언가를 바꾸기 위해서는 가능한 많은 개선책을 제시하고, 각각의 장단점을 검토하여 가장 개선효과가 높은 방법을 선택해야 한다는 것이 도요타의 철학이다. 또한 명확한 목적 설정이 반드시 전제되어야 한다. 개선의 목적은 비용 절감에 있다. 그러나 궁극적으로는 고객 만족에 있다는 것을 잊지 말아야 한다.

이 목적만 제대로 파악하고 있다면 고객을 무시한 개선책을 선택할 수는 없을 것이다. 반대로 목적이 불분명하면 바꿔도 좋은 것과 바꾸어서는 안 되는 것을 혼동하게 된다.

요시노야가 한 그릇에 280엔이라는 가격 인하에 성공할 수 있었던 이유는 점원의 의식 개혁에서부터 재료는 물론 설비, 사업본부의 시스템에 이르기까지 모든 것을 개선하려고 노력했기 때문이다. 인건비나 납품가격을 조금만 낮추면 될 것이라는 안이한 자세와는 전혀 다르다.

무엇인가를 바꾸고 싶다면 눈앞에 보이는 것만을 개선하는 식의 안이한 자세를 버려야만 한다. 또한 모든 것을 한번에 바꾸려는 사고방식도 고려해 봐야 한다.

먼저 무엇을 위해 바꾸는 것인가의 목적을 명확히 하라. 그러면 바꿔도 좋은 것과 결코 바꿔서는 안 되는 것의 차이가 확실히 보이게 될 것이다.

목표 달성의 단계

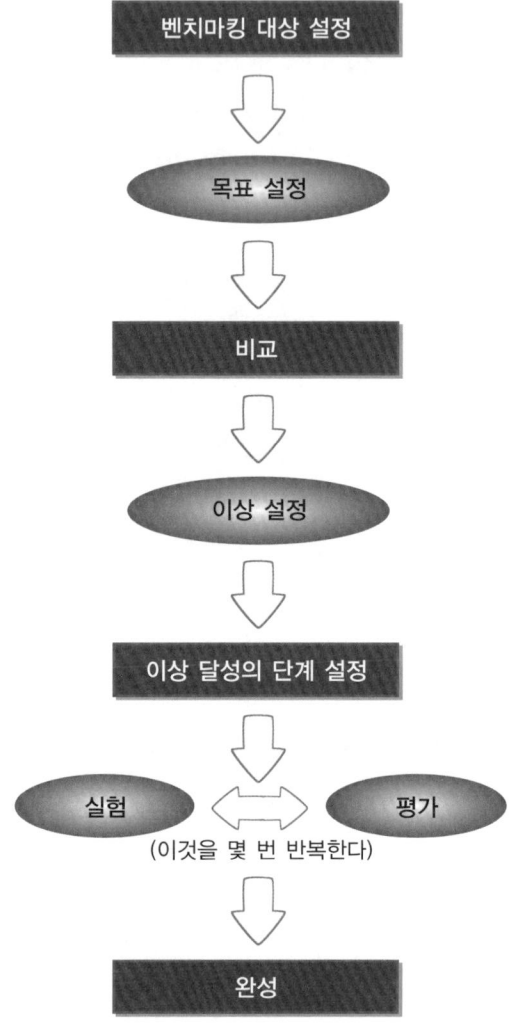

Is your 'for the customer's sake' true?
'고객을 위해'란 말의 진위를 탐구하라

휴대전화의 설명서를 읽다보면 가끔 너무 많은 기능에 놀랄 때가 있다. 필자처럼 전화를 걸고 받거나 가끔 문자를 사용하는 정도의 사람과는 인연이 없는 기능들이 대부분이다. 젊은 사람들에도 이 모두가 중요한 기능들일까?

특별 주문품의 제조방식

리코에 '제자 양성 제도'라는 독특한 제도가 있다. 이 회사의 기술자들은 복사전문점 등에 찾아가서 '제자로 삼아 달라'고 부탁하고 약 3일에서 일주일 동안 근무를 한다. 복사전문점도 제자 양성 기간동안에는 기술자가 복사를 직접 담당할 수 있도록 배려해 준다. 이 제도는 실전을 통해 기술자 스스로가 '복사기의 어디가 편리하지 못한지', '어디를 어떻게 개선하면 고객이 만족할지'를 발견해 가게 하겠다는 취지를 갖고 있다.

이 제도를 통해 기술자는 직접 고객의 목소리에 귀를 기울이는 기회를 갖게 됨으로서 많은 것을 배울 수 있게 된다. 대부분의 기술자들 중에는 복사기에 최신 기능을 많이 도입시키는 것만이 고객 만족이라고 생각하는 사람들이 많다. 그들은 고객과 직접 접하면서 실제로 고객은 그렇게 다양한 기능을 원하지 않는다는 사실을 깨닫기도 한다. 기술자가 복사전문점에서 파악한 고객의 요구를 복사기 제조에 활용함으로서 보다 사용하기 편리한 상품이 탄생할 가능성도 생긴다.

택배로 유명한 야마토 운수의 화물차는 'walk through (통로)차'라고도 불린다. 운전하는 사람이 운전석에서 직접 화물칸으로 들어갈 수 있도록 설계되어 있기 때문이다. 야마토 운수의 제안을 바탕으로 도요타가 개발에 협력한 것으로, 그 과정에도 이용자와 업체간의 의식 차이가 잘 나타나 있다.

야마토 운수의 전 회장 오구라 쇼오 씨의 저서 "경영학"에 따르면 택배가 등장하기 이전, 화물업체가 생각하는 '좋은 화물차'에 관한 조건은 엔진의 마력이 강하고, 조금 더 실어도 견딜 수 있는 '튼튼하고 연비가 적은 차'였다. 그러나 오구라 씨는 화물을 싣고 내리기 편하고, 운전자의 승하차가 쉬우며, 화물칸에서도 편리하게 작업할 수 있는 차를 원했다. 이러한 관점에서 당시 시판되고 있던 차들은 모두 낙제점이었다고 한다.

물론 주행능력도 중요하긴 하지만 화물을 싣고 내리기가 불편하다면 화물차로서의 성격이 떨어진다. 화물을 싣고 내리기가 편리하다는 작업성도 화물차의 중요한 가치요인이 된다는 뜻이다. 특히 택배 화물차라면 주행하는 것 이상으로 작업의 편의성이 중요한 관건이 된다. 일의 특성상 하루에 몇 십 번이나 짐을 싣고 내려야 하고, 화물칸에서 해야 하는 작업도 많다. 그러나 화물을 싣고 내리는 데 많은 시간이 걸리거나, 작업자가 작업에 과도한 부담을 느낀다면 당연히 일의 생산성은 떨어지게 된다.

이렇게 생각한 야마토 운수는 독자적으로 화물차를 개발하려 했으나 거래하고 있던 자동차 제조업체들은 불가능한 얘기라며 모두들 냉담한 반응을 보였다고 한다. 그러나 도요타는 이 제의를 흔쾌히 받아들이고, 즉시 야마토 운수와 함께 화물차 개발에 착수하기 시작했다. 이윽고 도요타는 샘플을 만들고 문제점을 조금씩 개선하는 노력을 통해 특별 주문품을 완성시키는 데 성공했다. 완성된 화물차를 본 다른 업체들은 '이런 차라면 우리도 만들 수 있다'고 말했다. 하지만 지금도 소형 화물차의 대부분은 도요타 차가 점유하고 있다.

'고객을 위해서'란 말로 위장하지 말라

도요타 에이지 씨는 '우리는 지금 고객의 요구와는 동떨어진 자동차를 만들고 있다. 고비용 체질의 원인을 과도한 CS(고객 만족)에서 찾으려하는 사람들도 있으나 그것은 잘못된 사고방식이다. 고객의 만족이 어디에 있는가를 잘못 파악하여 더 많은 비용을 들이고 있는 것은 아닌가'라고 "도요타 에이지 어록"에서 '거품경기에 대한 반성'에 대해 지적한다. 또한 도쿠가와 이에야스 일가를 파멸로 몰고 갔던 요검

무라마사와 일본 최고의 명검 마사무네를 예로 들며, '과거의 제조방식은 비록 고객이 원할지라도 고객을 위한 것이 아니면 만들지 않았다'고도 했다.

도요타식 생산방식의 바탕에는 이러한 사고방식이 깔려 있다.

야마타 운수의 '통로차'의 예처럼 고객을 위한 제품은 반드시 만든다. 그러나 고객에게 도움이 되지 않거나 고객이 원하지 않는 제품은 결코 만들지 않는다는 것을 기본 원칙으로 삼고 있다.

그러나 대부분의 사람들은 '고객을 위한다'라는 말을 잘못 이해하고 있다. 고객을 위한다는 말로 가장하고 실제로는 최신 기술을 자랑하기 위해 제품을 만들거나, 기업 이익을 위한 목적으로 상품이나 서비스 구매를 강요하는 기업이 늘어나고 있다. 고객을 위한다는 것이 어느 사이에 자신과 기업을 위한 것으로 바뀌어 가고 있는 것이다.

제품이나 서비스 제공자와 고객의 수요는 대부분 상반된다. 고객의 목소리를 어느 관점에서 생각하는가에 따라 기업의 경쟁력에는 큰 차이가 생긴다. 평소부터 고객의 요구에 귀를 기울이는 습관을 들여라. 그곳에는 큰 비즈니스 찬스가 있다.

Don't choose the easiest way.
자신의 편의를 우선시 하지 말라

한 레스토랑이 메뉴를 늘리기로 결정했다. 여성 고객을 확보하기 위한 다양한 메뉴가 추가되었다. 그러나 아직 주방은 그만큼 다양한 주문을 소화해 낼 만한 능력을 갖고 있지 않았다. 결국 이 새로운 메뉴는 매출을 늘려 주기는커녕 손님들을 오랫동안 기다리게 하는 바람직하지 못한 결과만 초래하고 말았다.

보이지 않는 절차가 결과를 좌우한다

　메뉴를 늘리기 전에는 손님들이 주문하는 요리들이 거의 정해져 있었다. 인기 메뉴를 중심으로 가끔 새로운 것을 추가한다면 주방은 별다른 혼란 없이 대응할 수 있었을 것이다. 다소 시간이 걸릴 때도 있겠지만 오랜 시간동안 손님을 기다리게 하는 일 따위는 생기지 않았을 것이다.
　그러나 레스토랑은 새로운 메뉴를 한 번에 늘렸고, 손님들도 이 새로운 메뉴에 관심을 가지며 인기 메뉴와는 별도로 주문을 했다.
　주방은 일단 익숙한 인기 메뉴부터 만들었다. 그러나 그것이 생각지 못했던 결과를 초래하고 말았다. 새 메뉴에 대응할 능력이 없는 주방은 만들기 쉬운 인기 메뉴를 먼저 만들게 되었고, 새로운 메뉴의 순서는 점점 밀려졌다. 그 사이에도 인기 메뉴와 새로운 메뉴 주문은 끊이질 않았다. 결국 '꽤 오래 전에 시켰는데…' 라며 새 메뉴를 주문한 손님들이 항의하기 시작했다. 그러는 사이 홀도 주방도 혼란스러워져 뭐가 뭔지 알 수 없는 상태로 빠져 들었다. 주문한 음식이 나오지 않자 화가 난 손님들은 하나 둘씩 가게를 떠났다.
　레스토랑으로서는 고객의 요구에 조금이나마 맞추기 위해 노력했고, 고객이 이에 만족해 주기를 원했다. 그러나 가장 중요한 '음식을 만드는 체제'가 정비되어 있지 않았기 때문에 고객에게 불만만 사는 결과를 초래하고 말았던 것이다.

음식점은 서비스업에 속하지만 요리를 '만든다'는 점에서 제조업과 유사하다. 고객의 요구에 맞추어 하나씩 만들어 가기 위해서는 나름대로 준비가 필요하다는 이야기이다. 메뉴의 종류가 늘어나면 한번에 몇 가지의 일을 소화해 내야만 한다. 그렇지 않고, 고객을 기다리게 하는 시간이 음식에 따라 각각 다르다면 불평불만의 원인만 제공할 뿐이다.

이러한 우여곡절 끝에 이 레스토랑은 도요타에 '제품을 한 가지씩 만들어 내는 노하우'를 전수해 달라고 의뢰하기에 이르렀다.

음식점에서는 주문한 요리가 나올 때까지의 시간이 상당히 중요하다. 라면가게 앞에서 한 시간 넘게 줄을 서면서도 아무 불평 없이 기다리던 손님들도 정작 자리를 잡고 주문한 라면이 조금이라도 늦게 나오면 불만을 터뜨린다고 한다. 길게 늘어선 줄은 기대감을 높이지만 요리 때문에 기다려야 한다는 생각은 불만만 가중시킨다는 뜻이다. 순서를 제대로 정해 두지 않으면 실패의 원인이 된다.

왜 일은 바쁜 사람에게 부탁하는 것이 좋은가

제조업은 주문 순서에 맞게 생산하는 체제를 철저히 해두지 않으면 생산하기 쉬운 제품부터 만들게 되는 경향이 있다.

도요타에서는 정보나 부품 제공방법에 관해 많은 연구를 한다. 생산자 측의 편의대로가 아니라 고객의 편의에 맞추어 제품을 생산한다. 이것을 확실히 해두지 않으면 현장은 편의를 우선시하여 공장사정에만 맞추어 제품을 생산하는 결과만 초래하게 되기 때문이다.

이러한 경향은 일상적인 업무에서도 엿볼 수 있다. 일상적인 일은 해야 할 일, 급한 일, 중요한 일, 번거로운 일, 어려운 일, 쉬운 일, 그리고 자신 있는 일 등으로 나눌 수 있다. 처음부터 해야 할 일, 중요한 일, 번거로운 일부터 할 수 있다면 가장 이상적이지만 사람이라 자신도 모르게 쉬운 일이나 자신 있는 일부터 시작하게 되기 마련이다.

급하거나 중요한 순서대로가 아닌 단순히 편리함으로 우선순위를 결정해 버린다. 그렇게 여유를 누리는 사람은 결국 나중에는 일이 밀려 당황할 수밖에 없다.

'일은 바쁜 사람에게 부탁하라'는 말이 있다. 바쁜 사람은 일의 우선순위를 미리 정해 두기 때문에 능숙하게 시간을 활용한다. 그러므로 새로운 일을 부탁해도 당황하지 않고 소화해 낼 수가 있는 것이다. 반면 한가한 사람이나 바쁜 척하는 사람은 순서를 정할 줄 모르기 때문에, 새로운 일을 부탁하면 오히려 혼란스러워 하게 된다.

일을 할 때에는 모든 우선순위를 머릿속에 정리해 둘 필요가 있다. 고객에게 주문받은 순서대로 제품을 만드는 것도 그렇고, 급한 것, 중요한 것을 먼저 하는 것도 그러하다. 우선순위가 분명하지 않기 때문에 하기 쉬운 일, 간단한 일을 우선시하게 되는 것이다.

우선순위만 제대로 정해 둔다면 좋은 아이디어도 쉽게 나올 수 있다. 우선순위를 지켜야만 한다는 긴박감이 곧 아이디어로 연결되기 때문이다. 자기 편의에 맞추어 제품을 생산하거나 업무를 진행시키는 등, 평소부터 아무런 긴박함을 느끼지 않는 느긋한 사람에게서 아이디어가 나올 리 없다. 일을 하기에 앞서 우선순위를 분명히 정하는 습관을 들여라. 그리하면 당황하거나 조급해 하는 일은 사라질 것이다.

불황을 한탄하는 사람은 머릿속이 불황이기 때문이다

　신문에 발표된 고등학생이나 대학생들의 취업률이 해마다 사상최저를 기록하고 있다. '불황 때문에 직원 모집이 줄고 있다'며 지금까지 한 번에 한 회사만 시험 볼 수 있었던 고등학생에게도 복수 수험이 허용되는 등, 각 지역마다 다양한 대책을 강구하고 있다고 한다. 그러나 직원 모집 자체가 늘지 않는 현재로서는 오히려 이것이 경쟁률만 높이는 모순된 결과를 초래하고 있는 실정이다.

　그렇다손 치더라도 과연 취업난을 불황 탓으로만 돌려도 괜찮은 것일까. 기업이 실적 악화를 경기 탓으로만 돌리는 것과 어딘지 모르게 유사하다는 생각이 든다.

　고도성장기나 거품경기 시절에는 대졸자 구인 경쟁률이 200대 1 혹은 300대 1에 달하여 구직자들에게 유리한 시장이 형성되었다. 그러나 거품이 꺼지자 갑자기 기업 측의 구인 의욕이 저하되고, 신규 채용은커녕 과잉 고용의 문제를 어떻게 해소할 수 있을까가 긴급 과제로 떠오르게

되었다. 그러한 기업에 갓 대학을 졸업한 구직자를 배려할 여유 같은 것이 있을 리가 없다.

그렇다고 해서 경기가 회복될 경우에도 예전과 같은 채용 의욕이 되살아나는 것도 아니다. 필자는 불황을 한탄하는 것은 머릿속이 불황이기 때문이라고 생각한다. 어떠한 상황에라도 수요는 존재하는 것이며 성장하는 기업도 존재한다. 수요에 부응하는 제품 생산 서비스 제공만 가능해진다면 불황은 나와는 먼 이야기가 된다. 불황을 탓하는 기업들은 수요의 변화에 대응하지 못했기 때문에 불황을 겪고 있는 것이고, 그러한 기업은 비록 경기가 회복된다 하더라도 어차피 그 혜택을 누릴 수 없다.

취업도 마찬가지이다. '불황 = 취업난'이란 사고방식을 버리지 않는 한, 자신의 취업난은 결코 호전되지 않는다. 고등학생, 대학생을 채용하는 기업의 상황과 수요가 예전과는 크게 바뀌었다는 것을 인식해야만 한다.

기업에도 책임은 있다. 기업은 지금 이제 막 고등학교나 대학교를 졸업한 신입들을 시간을 들여 키울 만한 여유

Column

가 없어지고 있다. 일에 대한 의욕이나 직장 상식, 애사심과 업무를 일일이 가르치기에는 너무 많은 경비와 노력, 그리고 시간이 소요되기 때문이다. 학교 측은 이러한 점을 얼마만큼 인식하고 있는가. 이러한 문제점을 무시하고 모든 것을 경기 탓으로만 돌리고 있는 한, 언제까지나 취업 문제는 해결되지 않을 것이다.

변화의 진위를 파악하는 노력이 여기에도 필요하다.

Point

원인은 자신에게 있다고 생각하라

1. 일하는 방식의 중심을 자기 편의에서 고객 편의로 전환하라.

2. 자신이 변화해야만 상대방도 변화할 수 있다는 것을 명심하라.

3. 바꿔도 되는 것과 바꾸면 안 되는 것을 냉정하게 판단하라.

4. 비용 절감을 위해 해서는 안 되는 세 가지 방식 ; 무조건적인 임금 삭감, 납품가격 인하, 모든 비용의 일률적 삭감은 소중한 것을 잃는 결과만을 초래한다.

5. 순서를 정해 두지 않으면 실패의 원인이 된다.

6. 무언가를 바꾸기 위해서는 가능한 많은 개선책을 제시하고, 각각의 장단점을 검토하여 가장 개선 효과가 높은 방법을 선택하라.

제**3**장

자기 소모적인 일을
만들어 내지 말라

성공에는 이유가 있다

The moment of success is the time for reflection.

누구나 목표를 달성하지 못했을 때에는 철저하게 그 원인을 규명한다. 그러나 목표를 달성했을 때에 반성을 하는 사람은 아무도 없다. 목표를 달성했을 때 '왜 달성할 수 있었는가'를 심도 있게 탐구하여 활용한다는 것이 바로 도요타의 철학이다. 성공한 이유가 무엇인가를 찾아냈을 때, 성공은 단순한 우연이 아니라 필연으로 바뀐다.

우연을 다음의 필연으로 만들 수 있는가

어느 TV 프로그램에서 이치로 선수가 210개의 안타를 기록하고 화려하게 데뷔했던 1994년 당시와 메이저리그에서 활약하고 있는 지금을 비교하여 이렇게 얘기한 일이 있었다.

'1994년에는 왜 안타를 칠 수 있었는지 이유도 모르고 많은 안타를 쳤다. 그래서 왜 안타를 치는지 설명할 수 없었다. 굳이 말하자면 배트를 몸에 맡긴 것이라고나 할까. 그래서 이치로 선수는 3, 4년 간 많은 고민을 하며 여러 가지 방법을 시도해 보았다고 한다. 그러나 지금은 왜 안타를 치는지를 설명할 수 있다고 한다. 안타를 치는 것과 자신이 만족하는 것은 별개의 문제였다. 어떻게 해서 안타를 쳐내는지가 문제였다. 가끔 우연히 쳐내는 안타로는 아무것도 얻을 수가 없다.'

이치로 선수는 고민하고 있던 3, 4년 동안에도 압도적인 성적으로 수위 타자의 자리를 지키고 있었다. 그런 의미에서 일류 선수란 상당히 자신에게 엄격하다는 것을 느낄 수 있다. 동시에 우연으로 만족하는 것이 아니라 왜 그랬는지 그 이유를 끝까지 탐구함으로서 항상 높은 경기성적을 낼 수 있었던 것이 아닐까 생각했다.

스포츠나 음악 세계에는 잠시 반짝하다 사라지는 사람들이 굉장히 많다. 그들은 데뷔 1년째나 첫 작품에서는 큰 활약을 보여주지만 2년째, 두 번째 작품에서는 인기를 모으지 못한다. 그들은 이치로 선수처럼 최초의 성공을 필연으로 바꾸지 못했던 것이다.

일에도 우연한 성공과 필연적인 성공이 있다.

실적이 나빴던 한 영업사원이 우연하게 뛰어난 실적을 올린 일이 있었다. 그러나 단 한 번 좋은 성적을 냈다고 하여 그 사람을 높게 평가할 수는 없는 일이다. 다음 달도 전 달과 같이 실적을 올릴 수 있을지 아니면 원래 상태로 돌아가는지가 관건이 된다. 단 한 번 좋은 성적을 내는 것보다 꾸준히 능력을 발휘할 수 있는지의 여부가 평가를 좌우하는 것이다.

성공했을 때야말로 '왜?'라는 의문을 가져라

실패에 이유가 있듯이 성공에도 이유가 있다는 것이 도요타의 철학이다.

예를 들어 제품 중에 불량품이 생기면 철저히 그 원인을 찾아내려 한다. 표면적인 이유가 아닌 진짜 원인을 모색하고 개선함으로서 두 번 다시 같은 불량품이 나오지 않는 생산방식이 가능해지도록 노력한다.

도요타는 '품질은 공정을 통해 만들어진다'고 말한다. 생산한 다음 불량품을 찾아내는 것이 아니라 처음부터 불량품 자체가 만들어지지 않는 생산방식을 추구하는 것이다. 실패의 원인을 찾아내는 것뿐만 아니라 항상 양질의 제품을 100% 만들어 낼 수 있는 방법을 모색한다. 공정, 즉 과정만 제대로 파악하고 있다면 좋은 품질의 제품을 만들어 낼 수 있다. 절대로 우연에 의지하지 않는다.

이러한 사고방식은 비단 제조업에만 국한된 이야기는 아니다.

비록 우연일지라도 성공했을 때는 성공할 수 있었던 이유를 철저하게 규명해 보라. 그리하면 성공으로 향하는 과정을 알 수 있게 된다. 그 과정만 파악한다면 그 성공은 한 번으로 끝나는 것이 아니라 몇 번이고 손에 넣을 수 있는 필연적인 것으로 바뀐다는 것이 도요타의 철학이다.

한 판매회사에 사장으로 취임하게 된 전 도요타 직원은 그곳의 영업방식이 너무나도 우연에 좌우되고 있다는 사실에 아연실색했다. 영업사원들은 제품을 사주는 고객을 만날 때까지 여기저기 시간만 낭비하고 있을 뿐, '제품을 팔 수 있는 방법'을 제대로 파악하지 못하고 있었다. 직원들 사이에도 개인의 감각이나 역량에 따라 실적이 크게 차이가 났다.

계약에 이르는 과정을 분석하여 고객에게 무슨 이야기를 해야 하고, 고객만족을 향상시키기 위해서는 어떻게 해야 하는지를 철저하게 연구했다. 그러자 사원들은 조금씩 계약의 핵심이 무엇인지 이해해 나갔다. 실패에 대해서도 사원들 자신이 생각하고 있는 실패의 원인과 실제의 원인도 크게 차이가 난다는 것을 깨달았다.

영업이란 아무래도 '무조건 열심히'라는 정신론에 치우치기가 쉽다. 그러나 그런 방식은 잘하는 사람과 못하는 사람의 차이만 더 벌려 놓을 뿐이다. 성공과 실패를 분석하고 결과를 얻을 수 있도록 방식을 개선하면 많은 사원들이 계속해서 안정된 실적을 올릴 수 있게 된다.

실패했을 때는 실행 과정 중 어느 부분에 문제가 있었는지 반드시 분석해야 한다. 마찬가지로 성공한 때에도 과정의 어느 부분이 성공에 주효했는가를 철저히 분석하여 차기의 성공으로 연결시켜야만 한다. 한순간만 반짝 하고 사라질 수는 없는 비즈니스맨에게 과정이란 매우 큰 재산이다.

Don't satisfy yourself with what you have understood.
알고 있는 것만이 전부는 아니다

한 제조업체의 공장에는 '안전제일'이라는 포스터가 여기저기 붙어 있다. 그러나 그곳에서는 한 달이 멀다하고 사고가 일어나는 데다가 전혀 개선될 기미도 보이지 않는다. 포스터를 붙이고 매일 아침, 조례시간마다 주의를 주는 것 이외에는 어떠한 대책도 취하지 않는 담당자의 행동에 화가 치민 경영자는 포스터 따위는 떼어내 버리라는 명령을 내렸다.

모두가 생각하지만 아무도 고치려고 하지 않는 것

한 기업이 사원들의 의식 개혁에 나섰다. '고객만족(CS)도가 높은 기업이 되자'는 슬로건을 내걸고 사원 연수에 힘을 쏟았다. 그러나 생각한 만큼 효과는 오르지 않았다. 그리하여 회사 측은 CS추진위원회를 조직하여 위원들을 각 사업부에 파견하여 원인을 찾아내는 한편, 회사를 개혁할 수 있는 방법을 검토하기로 했다.

그러자 이러한 문제점들이 제기되었다.

일단 전화를 받는 것이 느리다. 내부 전화는 즉시 받지만 외부에서 걸려온 전화는 좀처럼 받으려 하지 않는다. 사람은 많은데 전화벨만 울리다가 결국 끊겨 버리는 일까지 있었다.

더욱 놀라운 것은 그 이유였다. 내부 전화는 회사사람이 걸기 때문에 즉시 받지만, 외부 전화는 고객으로부터 걸려온 고충 전화가 대부분이기 때문에 번거로운 일에 휩쓸리고 싶지 않아 언젠가부터 모두 전화 받기가 꺼려지게 되었다는 것이었다. 외부 전화 모두가 고충 전화일 리도 없고, 그 중에는 주문 전화도 많이 있을 것이다. 그럼에도 불구하고 벨이 몇 번 울리도록 내버려두다가 겨우 누군가가 받거나, 끊길 때까지 기다리는 태도로는 고객 만족도는커녕 고객 불만족도만 높아질 뿐이다.

영업소장도 이러한 상황을 잘 알고 있었다. 고객으로부터 전화를 받는 것이 늦다는 불만을 자주 듣는다고 한다. 영업사원도 마찬가지였다. 모두가 문제점을 알고 있으면서 지금까지 아무도 고치려고 하지 않았던 것이다. 전화를 받지 않는 것이 바람직하지 않다는 것도, 회사가 CS를 추진하고 있는 것도 모두들 잘 알고 있다. CS 포스터도 여기저기 붙어 있다. 모두 머리로는 잘 이해하고 있었다.

그러나 정작 실행에 옮기자고 하면 바쁘다든가 귀찮다는 이유로 누구도 움직이려 하지 않는다. 포스터나 연수로 인해 의식을 바꿀 수는 있어도 동시에 행동까지 바꿀 수 있었던 것은 아니었다는 이야기이다. 이래서는 사람도 기업도 바뀌기 어렵다.

이해하는 것과 실행하는 것

안전제일 포스터를 붙였던 공장의 경우도 마찬가지이다. 여기저기 포스터를 붙이고 매일 아침 조례시간에는 안전의 중요성을 강조한다. 그럼에도 사고는 전혀 줄지 않았다. 사고가 발생하면 '앞으로는 만전의 대책을 취하겠다'는 보고

서가 올라오지만 만전의 대책이 취해진 흔적은 어디에도 보이지 않는다. 경영자가 의미 없는 포스터라면 떼어내 버리라고 화를 내는 것도 당연하다.

공장이나 사업부를 방문해 보면 '정리·정돈' 등 다양한 표어나 포스터가 붙어 있는 것을 자주 볼 수 있다. 그런 곳일수록 구석구석 정리·정돈이 잘 되어 있는가 하면, 사실은 그렇지도 않다. 포스터만 붙여두면 안전이 지켜지고 정리·정돈이 되고 고객 제일주의가 실현될 것이라 모두 착각하고 있는 것이다. 가장 중요한 것은 슬로건이 아닌 바로 실행이라는 것을 인식해야만 한다.

안전을 지키고 싶다면 먼저 작업 환경을 쾌적하게 바꿀 필요가 있다. 기계나 설비의 보호를 철저하게 하고 난관 등도 정비하여 환경을 개선해 간다. 앞에 등장한 기업의 경우에도 현장과 간접부문이 일원화되어 환경정비에 힘쓴 결과 사고가 크게 줄고, 현재는 업계에서도 최고 수준의 안전성을 확보하고 있다.

정리·정돈도 마찬가지이다. 한 제조업체에서는 매일 15분간 생산라인을 완전히 정지하여 사원 전원이 청소도구를 들고 직접 청소를 한다고 한다. 원래부터 쓰레기가 거의 나오지 않는 기업이었지만 이 청소시간을 통해 직원들 사이에

깨끗한 작업환경을 지킨다는 의식이 보다 강해졌다고 한다.

가장 처음 소개했던 기업의 사원들은 고객의 고충을 '귀찮은 것'이라 생각했기 때문에 전화 받기를 꺼려했다. 그러나 도요타에서는 고객의 불만은 지나치기 쉬운 문제를 명확하게 만드는 기회라 인식하고, 제시된 문제를 해결함으로서 제품이나 서비스의 질을 향상시키고자 노력한다. 고객의 불평을 듣는 시간을 트러블이나 문제를 개선할 수 있는 절호의 찬스라고 여긴다면 전화를 받는 것쯤은 조금도 괴롭지 않게 된다.

대부분의 사람들은 머리로는 알고 있으면서도 변명할 것만을 생각한다. 도요타에서는 그것은 '이해'한 것이 아니라고 간주한다. '이해 = 실행'이라는 것이 도요타의 철학이기 때문이다.

포스터 같은 것을 여기저기 붙일 필요는 없다. 먼저 실행부터 하라.

Don't think that hard work means long hours.
오랜 시간 일했다고 해서 열심히 했다고는 생각하지 말라

매일 아침 일찍 출근하여 밤늦게까지 회사에 남는다. 야근도 휴일출근도 군말 없이 감수한다. 이러한 직원은 회사를 위해 정말 열심히 일하는 직원이라는 느낌이 든다. 지금까지는 회사도 이러한 사람을 일을 잘하는 사람 또는 열심히 하는 사람이라고 평가해 주었다.

땀 흘린 것이 모두 일한 것은 아니다

금융기관에 대한 비판 중 하나는 바로 사원들의 높은 급여이다. 최근에는 연봉이 감소했다는 이야기도 들리지만 그래도 대형 은행이라면 제조업체나 서비스업에 종사하는 사람들에 비해 현격히 연봉이 높다고 한다. 이러한 비판에 대해 금융업 관계자들은 '우리들은 아침 일찍부터 밤늦게까지 일을 한다'는 반론을 펼친다. 근무시간의 길이로 생각한다면 급여는 높은 것이 아니며, 자신들은 그만큼 열심히 하고 있다고 자부하고 있는 것이다.

확실히 과거에는 노동시간의 길이가 평가의 대상이었다. 아침 일찍부터 밤늦게까지 회사에 남아 있는 사람은 일을 열심히 하는 사람이라고 여겨졌다. 할 일이 없어도 모두가 남는다면 야근에 동참하고 접대골프 등의 이유로 휴일도 반납해 왔다.

오노 다이이치 씨는 이러한 것에 의문을 제기했다.

그는 일찍이 '낭비는 직원들이 작업을 하는 동안에도 계속해서 발생하고 있다'는 것을 간파했다. 그리하여 직원들이 나름대로 열심히 일을 하는 것처럼 보이지만 생산성이 좀처럼 향상되지 않는 경우에는 '적어도 하루에 한 시간 정도는 「일」을 해달라', '능률을 향상시키는 것은 땀이 아니라 공정의 진행 능력이다'라고 지적해 왔다. 작업자들에게 일을 태만하게 할 의도가 없더라도, 작업의 내용을 자세히 살펴보면 제품을 찾는데 시간이 걸리거나 기계 옆에서 가동 상태를 감시하기만 하는 시간이 의외로 많다는 것이다.

대부분의 기업들은 이것도 '일'이라고 생각한다.

그러나 도요타에서는 부가가치를 생산하지 못하는 움직임은 불필요한 낭비라 여긴다. 또한 낭비를 줄여서 부가가치를 생산하는 '일'의 비율을 높임으로서, 직원들이 사람에게만 가능한 '일'을 할 수 있도록 꾸준히 개선을 거듭하고 있다.

도요타의 평가 기준은 몇 시간 일했는지, 또는 얼마만큼 땀을 흘렸는지가 아니다. 얼마만큼 지혜를 짜냈는지, 얼마만큼 부가가치를 생산했는지를 기준으로 삼고 있는 것이다. 이러한 관점에서 생각해 보면 금융업 관계자들이 말하는 '열심히'를 액면가대로 받아들일 수만은 없게 된다. 중요한 것은 '얼마만큼 성과를 올렸는가'이다. 오랜 시간 일하는 것은 높은 급여를 받는 이유가 될 수 없다.

부족하다고 생각하지 말고 절약할 생각을 하라

그렇다고는 하나 '장시간 근무 = 열심히 한다'의 방정식에서 벗어나기란 쉬운 일이 아니다.

필자가 생산 개혁 고문을 맡고 있던 제조업체의 직원들은 휴일을 반납하고 매일 10시간 가까이 일을 하는 것을 관례처럼 여기고 있었다. 그러나 아무리 열심히 작업을 해도 생산성은 향상되지 않았다. 결국 업체는 동남아시아로부터 수입된 값싼 제품에 시장을 빼앗기기에 이르렀다.

공장을 둘러본 결과 오노 씨가 지적했던 것과 같은 광경이 눈앞에서 펼쳐지고 있었다. 정리·정돈이 되지 않아 제품을 찾는 데나 생산과정을 바꾸는 데 많은 시간이 소요됐다. 열심히 일은 하고 있지만 부가가치를 창출하고 있지는 않았던 것이다. 아무리 오랫동안 작업을 한다고 해서 반드시 성과를 올릴 수 있는 것이 아니라는 사실을 실감할 수 있었다. 그러나 직원들에게 작업의 대부분이 낭비라는 것을 인식시키기까지는 많은 노력이 필요했다. 모두 '우리들은 정말 열심히 일하고 있다'는 자부심을 갖고 있었기 때문이다.

그러나 꾸준히 개선을 거듭한 결과, 지금은 동남아시아에도 뒤쳐지지 않는 제품의 생산과, 노동시간 단축을 이루어 냈다. 일본의 제조업에 대한 자신감도 되찾을 수 있었다.

낭비의 인식

CUMS 생산방식(필자의 회사가 추진하는 생산방식을 이렇게 부른다. 도요타식 생산방식의 기본이 된다)에서는 철저한 낭비의 제거에 의해 생산성을 높이고 있다.
때문에 낭비에 대한 인식을 깊이 하는 것이 매우 중요하다.

〈낭비란〉

부가가치를 높이지 못하는 각종의 현상이나 결과를 말한다. 다른 표현을 빌리자면 제조현장의 낭비란 '원가 부담을 가중시키는 제반 요소'라고 할 수 있다.

◎ 일과 낭비

생산활동 속에서 일을 완수하고자 할 때 작업 동작을 세세하게 관찰하면 세 가지 부분으로 분류할 수 있다.

1. 일(동작) = 작업+낭비
2. 작업 = 정미작업(고정작업)+부수작업
3. 정미작업 = 진정으로 가치를 창출하는 작업(Vw)+낭비
   낭비: 눈에 보이지 않는 낭비, 시스템의 낭비 등

   ※Vw는 일반적으로 2-5%정도

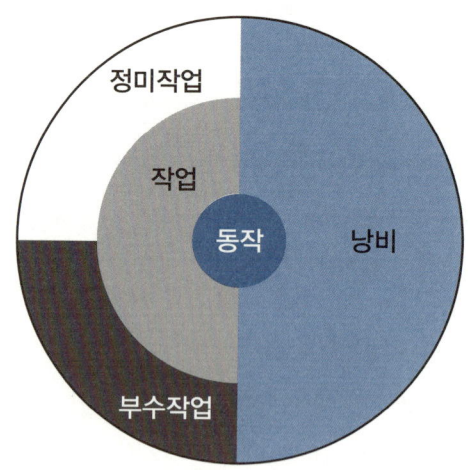

대부분의 사람들은 오랜 시간 일을 해도 성과가 올라가지 않으면 더욱 열심히 일을 해야만 한다고 생각한다. 실제로는 일이라 여기고 있는 것 가운데는 낭비도 많이 숨겨져 있다는 것을 알아야 한다. 그것들을 하나씩 개선해 간다면 보다 짧은 시간에 보다 많은 성과를 얻을 수 있게 될 것이다.

'장시간 근무=열심히 한다' 란 사고방식으로부터 빨리 벗어나라. 딱히 일도 없으면서 모두가 남아 있기 때문이라는 말도 안 되는 이유로 야근을 하는 것은 바람직하지 못하다. 어차피 시간 때우기 식의 형식적인 일만 하고 있지 않은가.

회사에 몇 시간 있었는가는 그리 중요한 문제가 아니다. 중요한 것은 시간이 아니라 '얼마나 성과를 얻었느냐' 이다. 소모적인 일이 자신의 일 가운데 차지하는 비율을 한번쯤 확인해 보기 바란다. 낭비를 줄이면 일은 더욱 즐겁고 보람된 것으로 바뀔 것이다.

Cutting down 50% is easier than cutting down 10%.
10% 절감보다 50% 절감이 더 쉽다

도요타 그룹계열의 제조업체가 원가 2분의 1 절감에 도전했다. 튼튼한 가격 경쟁력을 갖추었음에도 불구하고 더욱 원가를 큰 폭으로 인하하려는 것이다. 이는 원료의 납품가격을 낮추는 것만으로는 불가능한 일이다. 업체는 간접경비를 포함하여 제조에 관한 모든 것을 처음부터 재검토하기로 결정했다.

'과제해결형 개선'의 필요성

도요타 계열의 제조업체에게 있어서 낭비를 없애는 개선 활동은 일상적인 일이었다. 낭비를 발견하면 그것을 제거하여 하나 둘씩 개선해 간다. 그만큼 양질의 제품을 보다 신속하고 저렴하게 만들 수 있게 된다.

그러나 변화의 속도가 빨라지면 이러한 낭비를 없애는 것만으로는 따라잡기가 불가능해지는 경우도 생긴다. 경쟁업체도 필사적으로 원가 절감에 나서고 있기 때문이다. 경쟁사보다 강한 경쟁력을 갖추려고 생각한다면 원가 절감의 속도를 한번에 가속화시켜야만 한다.

그래서 떠오른 것이 원가 2분의 1절감이라는 과제였다.

이런 과제를 내걸고 개선에 착수하는 것을 '과제해결형 개선'이라고 부른다. 일반적인 낭비제거형 개선에 비해 어렵기는 하지만 어떠한 난관을 넘어서라도 달성해야만 하는 목표이기도 하다.

원가를 반으로 줄이는 것은 불가능한 얘기처럼 여겨진다. 군살과 낭비가 가득한 회사라면 모르지만 도요타 그룹처럼 특히 평소부터 낭비를 없애는 개선을 계속하고 있는 곳이라면 그리 쉽게 줄일 수 있는 수치는 아닐 것이다.

과거에 어떤 사람은 도요타를 일컬어 '마른걸레를 짜는

회사'라고 했다. 그만큼 도요타가 엄격한 비용 절감을 감행하고 있다는 비유일 것이다.

그러나 현실적으로 마른걸레를 아무리 짜봤자 물은 나오지 않는다. 도요타식 비용 절감은 마른걸레에 '지혜'를 쏟아 부어 '개선'을 짜내고 있는 것이다.

결국 이 제조업체는 모든 것을 근본부터 다시 생각하기로 했다.

원점에서부터 다시 생각하는 것이 더 쉽다

쿄세라의 명예회장 이나모리 카즈오 씨의 저서 "경제학"에는 마츠시타 코노스케 씨가 했던 말이 실려 있다.

'30% 절감하기란 쉬운 일이 아니다. 그렇다면 반으로 줄이면 어떨까 생각해 보라. 30% 절감을 생각하기 때문에 자잘한 것까지 들쑤시려고 생각하고 있는 건지도 모른다. 그러나 반으로 줄인다고 생각하면 근본부터 다시 생각하지 않으면 안 된다. 그러니 오히려 더 편한 것이다'

이는 근본부터 재검토하여 제조에 관련된 모든 항목을 반으로 줄이라는 사고방식이다.

원재료는 물론 불량률도 반으로, 전기요금도 반으로 줄

이도록 모든 항목에 걸쳐 다시 한 번 검토한다. 이것이 모두 모여 원가 2분의 1의 절감으로 연결된다.

도요타식 과제해결형 개선은 모든 것을 원점에서부터 다시 생각해 보는 것뿐만 아니라, 전원이 참가하여 실행함으로서 달성이 가능해지는 것이다.

도요타 사에서 근무하던 시절에 필자는 오노 다이이치 씨로부터 자주 '0을 하나 줄여라' 또는 '만 엔으로 해보라'는 지시를 받았다.

예를 들면 보통 천만 엔이 드는 일을 0을 하나 빼고 백만 엔으로 하라는 지시를 받는다. 돈을 들이지 못하는 만큼 지혜를 활용할 수밖에 없다. 이렇듯 어려운 과제일수록 근본부터 다시 생각하지 않으면 안 되기 때문에 여러 가지 지혜를 모을 수 있다.

개선은 지혜와 돈의 집합체라는 것이 도요타의 철학이다.

지혜를 짜내어 다양한 개선책을 연구하고, 돈을 들이지 않고도 원가 절감 효과를 높일 수 있는 방법을 선택하는 것이 도요타식 개선의 포인트이다.

만족보다 부족이 자신을 향상시킨다

소니의 창업자인 이부카 마사루 씨도 개발 담당자에게 '10분의 1로 줄이라'는 말을 자주 했다고 한다.

한 제품이 완성되면 그것을 더욱 10분의 1로 줄이도록 지시한다. 이 말은 크기도 10분의 1, 가격도 10분의 1이라는 의미이기 때문에 더 어렵다. 조금 개량하는 것만으로는 별 성과가 없다. 당시에는 크기도 가격도 처음부터 다시 검토해 보는 것이 지금보다 더 일상화되어 있었던 것은 아닐까.

게다가 드디어 '10분의 1'에 성공했다고 개발담당자가 보고를 하면 이부카씨는 바로 "나는 분명 '10분의 1 이하'라고 했을 텐데"라고 대답했기 때문에 더욱 힘들었다고 한다.

작업이나 생산 방식을 개선하려고 할 때는 문제해결에 대한 제한조건을 붙여 보라. 즉 자신에게 어려운 과제를 한 번 내보는 것이다.

예를 들면 지금까지 1시간에 걸쳐 해오던 일을 30분으로 줄일 수 없는지 생각해 본다. 지금까지 세 명이 해오던 일을 두 사람이 할 수 있는 방법을 찾아본다. 물론 오랫동안 한 시간에 걸쳐 해오던 일을 느닷없이 줄일 수 있는 것도 아니며, 인원수를 줄이는 것도 쉬운 일은 아니다.

그러나 일정한 제약을 설정하고, 생각하는 과정을 통해

지금까지 눈에 보이지 않았던 낭비를 발견하게 되는 경우도 있다.

한번 무엇이 됐든지 반으로 줄이는 것에 도전해 보면 어떨까? 시간과 경비, 인원수 등을 기존의 반으로 줄여 보라. 이를 위해서는 일의 방식을 근본부터 다시 검토하거나 여러 가지 낭비를 줄여야 할 필요가 생길 것이다.

낭비를 없애는 것을 일상화하는 동시에 때로는 이러한 과제해결형 개선에 과감히 도전하라. 직원들이 발전하는 것은 물론 기업도 어디에도 뒤쳐지지 않는 경쟁력을 가질 수 있게 될 것이다.

작은 힌트를 많이 모아라

Gather a lot of small clues.

아이디어를 짜내라고 하면 뭔가 대단한 것을 궁리해 내야만 한다는 강박관념을 느끼는 사람들이 많다. 그러나 기발한 아이디어는 그리 쉽게 나오는 것도 아니며, 현실적으로 활용하기 어려운 것들도 많다. 뛰어나지 않아도 좋다. 작은 힌트를 많이 모아라. 그것이야말로 아이디어의 보고가 된다.

'뛰어난 아이디어' 보다 '많은 아이디어' 에 가치가 있다

고객의 의견을 모두 종이에 써서 매장 안에 붙여놓은 슈퍼마켓이 있다고 한다. 의견들 대부분은 고객의 불만에 해당된다. 일반적인 기업들은 이런 것들을 감추려 하지만 이 슈퍼마켓은 이러한 고객의 의견을 종이에 적어 매장 내에 붙이는 것뿐만 아니라, 그에 대한 슈퍼마켓 측의 생각이나 해결방법까지 명확히 고객에게 전달하고 있다.

고객에게 의견을 보내 달라는 기업은 많이 있지만 이렇게 모인 고객의 의견에 대한 대응방식은 기업에 따라 가지각색이다. 아무런 관심도 갖지 않는 기업이 있는가 하면, 적극적으로 상품 개발에 반영하는 기업도 있다. 어느 쪽이 고객을 향하고 있는지는 말하지 않아도 알 수 있다. 이 슈퍼마켓처럼 고객의 의견에 대해서 신속하게 대응한다면 고객들도 신이 나서 여러 가지 제안을 하고 싶어지게 될 것이다. 또한 고객의 의견을 반영한 개선을 통해 확실히 좋은 기업으로 바뀌어 갈 수도 있다.

개선활동을 추진하기 위해서는 먼저 개선책이 있어야 한다. 그러나 매일 몇 천 건 이상 개선책이 제안되는 기업이 있는가 하면, 거의 개선책을 찾아볼 수 없는 기업도 있다.

아이디어나 의견도 마찬가지이다. 사원들이 적극적으로

아이디어를 제시하는 기업과 그렇지 않은 기업으로 나눌 수 있다. 그렇다고 해서 후자 쪽 사원들이 아무런 의견도 갖고 있지 않은 것은 아니다. 의견을 수렴하는 풍토나 작은 아이디어를 가시적인 것으로 바꿀 수 있는 시스템이 갖춰지지 않은 기업도 많기 때문이다.

도요타식 생산방식을 실천하고 있는 어느 기업의 경영자는 사원들에게 이렇게 이야기한다.

'꼭 좋은 아이디어를 내야 한다는 강박관념은 버려라. 무조건 많은 아이디어를 제시하라. 일을 하면서 힘들다든가 어렵다고 느꼈다면 뭔가 좋은 대책은 없는지 생각해 보라. 그것을 어떠한 형태로 만들지는 상부 직원들의 역할이다. 느낀 것을 그대로 두면 불평불만으로 밖에 연결되지 않는다. 느낀 것을 바탕으로 대책을 생각해 간다면 그것은 훌륭한 개선책으로 바뀔 것이다'

이 회사는 한 개의 개선 제안을 만들어 내는데 '세 명 팀웍 작전'을 활용하고 있다. 한 사람은 작업의 문제점을 생각하고, 또 한 사람은 그 개선책을 생각하며, 또 다른 사람은 그 개선책을 형상화한다. 이렇게 한다면 기술적인 것에 자신 없는 사람이라도 개선활동에 참가할 수 있다는 생각에서이다.

이 제도를 통해 기업은 매달 몇 천 건 이상의 개선책들을 모을 수 있었다. 드디어 모두가 지혜를 짜내는 풍토가 정착된 것이다. 이 회사에서는 사원들의 아이디어에 대해 비평만 하고 있는 사람에게는 관리직을 맡기지 않는다.

일단 형상화하라

개선책들이 모이지 않는 기업들의 특징은 대부분 작은 힌트들을 무시하고 큰 개선책만을 요구한다는 것이다. 이래서는 아무도 자유롭게 아이디어를 낼 수 없으며, 적극적으로 개선에 참가하려고도 하지 않게 된다.

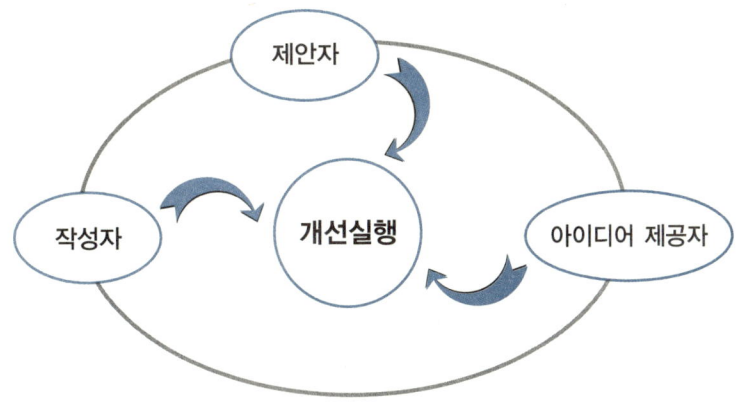

세 명 팀웍 작전

| 개선과제 : 정전기 방지 쓰레기봉투 | (UP생산부 / LCTM라인) |

제공자(문제발견)	아이디어 제공자	작성자
 ○○씨 (아르바이트)	 ***씨 (아르바이트)	 ××씨 (계약사원)

● 개선 전(문제점)

★부품의 뒷면 종이를 쓰레기봉투에 넣으면 종이와 쓰레기봉투 사이에서 정전기가 발생하여 쓰레기봉투에 들어가지 않고 바닥에 떨어진다.

쓰레기봉투 정전기

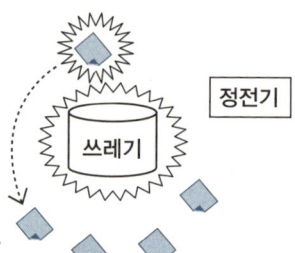

● 개선 후

★정전기 방지 효과가 있는 비닐봉투를 쓰레기봉투로 사용함으로서 지금까지는 바닥에 떨어지던 부품포장지(쓰레기)가 제대로 쓰레기봉투 안에 들어가도록 했다. 종이도 손에 달라붙지 않기 때문에 작업이 쉬워졌다.

정전기 방지 효과가 있는 쓰레기 봉투의 그림

● 효과

★정전기 때문에 고민할 일 없이 작업할 수 있게 되었다
★작업시간의 절감
　1,350엔/h / 3600초 * 0.5초/대 * 24,490대/월 = 4,592엔/월

이러한 기업에서는 상사는 상사대로 '우리 회사의 직원들은 아무것도 생각하지 않는다'는 불만을 터뜨리고, 부하 직원들은 부하 직원들대로 '우리 회사의 관리직들은 우리의 의견은 들으려고도 하지 않는다'고 불만을 갖게 된다. 이래서는 사람도 기업도 바뀔 수 없다. 예를 들어 열 명이 '직장 개선'에 관해 생각한다고 가정하자. 도요타에서는 열 명이 한 가지씩이라도 작은 힌트를 제시해 주면 그것을 그룹 리더가 하나의 성과를 낼 수 있도록 정리하여 상부에 올린다. 작은 아이디어와 제안도 결코 소홀히 생각하지 않는다. 작은 힌트와 제안을 총괄하여 형상화한 것이 일과 가장 직결된 효과적인 개선책이 된다고 생각하기 때문이다.

오노 다이이치 씨도 그의 저서 "도요타식 생산방식"을 통해 '도요타식 생산방식은 아직 미완성이지만 전 직원으로부터 나온 많은 양의 개선책에 의해 나날이 전진하고 있다'라는 말을 했다. 도요타의 발전을 지탱하고 있는 것은 열 손가락 안에 드는 슈퍼스타들이 아니라, 사원들로부터 모아진 아이디어인 것이다.

아이디어는 실제로 일상 속에 있다. 일을 하면서 느낀 작은 것이나 고객의 목소리, 또는 상사와 부하, 동료의 의견 등에 진지하게 귀를 기울이다 보면 반드시 아이디어가 되는 힌트를 얻을 수 있다. 그것이 모아져서 큰 아이디어가 될 수 있는지 없는지는, 그것들을 단지 흘려 버릴 것인가 또는 어떠한 형태로 만들려고 노력할 것인가의 차이인 것이다.

뭔가 좋은 아이디어가 없는지 혼자서 고민하지 말라. 열 명으로부터 작은 힌트를 얻어 그것을 형상화하는 습관을 만들어라. 듣는 습관, 형상화하는 습관을 가진 사람이 일하는 곳에서는 많은 힌트가 모아질 것이다.

Don't disagree without an alternative proposal.
대안 없이 반대하지 말라

'반대를 위한 반대'라는 말이 있다. 과거 노사협상의 자리나 정치세계에서 자주 들을 수 있던 말로, 무조건적으로 상대방의 말과 행동 모두에 이의를 제기한다는 뜻이다. 평론가라면 모르겠지만 '안 되는 건 안 된다'는 사고방식으로는 건설적인 대화를 기대할 수 없다.

문제의 소유자가 되라

'나는 별로 화를 내지 않는 사람이지만 부하 직원에 대해서 평론가처럼 말하는 관리자만큼은 용납할 수가 없어요' 라고 하는 사람이 있다.

생산 개혁을 추진해 가려고 한다면 처음에는 주위에 저항세력만이 가득해진다. 오랫동안 익숙해져 온 방식을 완전히 뒤바꾸어야만 하기 때문에 고참 관리직이나 사원들은 지금까지 지켜온 자신들의 모든 것을 부정해야 하는 느낌을 받게 된다. 그래서 새로운 방법에 대해 일단 반대부터 하는 것이다. '지금까지 우리들은 앉아서 작업을 해왔다. 느닷없이 서서 작업을 하라고 하는 것은 노동 강화가 아니고 무엇인가?', 또는 '하나하나 제품을 조립하라니 동일한 제품을 한꺼번에 만드는 편이 능률이 좋지 않는가?' 등의 반대 의견이 여기저기에서 터져 나오게 된다.

물론 왜 서서 작업을 해야 하는지, 왜 하나하나 조립해야 하는지 근거는 분명히 있다. 실제로 직접 실행해 보면 금방 알 수 있다. 반대하고 있는 사람들 자신도 지금까지와 같은 방식으로는 경쟁에서 살아남을 수 없다는 것을 잘 알고 있다. 그러나 그들은 단순히 그것을 인정하고 싶지 않기 때문에 반대하는 것이다.

반대한다고 해도 대안이 있다면 그나마 괜찮다. 그러나 '대안을 생각하는 것이 개선추진위원인 당신들의 역할이 아니냐'는 식으로 거부부터 한다면 이야기는 진전될 리 없다. 특히 반대를 위한 반대를 하고 있다고 밖에 여겨지지 않는 고참 관리직이나 사원들의 태도는 바람직하지 못하다.

개선을 추진하려고 하는 사원들은 생각나는 대로 제안을 하고 있는 것이 아니다. 실제로 현장에서 시행착오를 거듭하면서 다양한 개선책을 연구하고 그것을 직접 실천에 옮기려 하고 있는 것이다. 그에 비해 대안도 없이 반대를 하는 직원들은 단순한 평론가에 지나지 않는다. 문제의 소유자가 되어 있지 않다고 할 수 있다. 직원 한 사람 한 사람이 문제를 내 것으로 여기고 주체성을 가지고 대응하지 않는 한, 결코 사람도 회사도 바뀌지 않는다.

'평론가'가 되지 않기 위한 방법

오노 다이이치 씨는 그의 저서 "도요타식 생산방식"에서 이런 말을 한 적이 있다.

'모든 일이 그러하듯 구체적인 대책 없이 낭비를 줄인다거나 인원을 삭감해야 한다고 주장해 봤자 들어 주는 사람

은 아무도 없다.'

오노 씨는 어디까지나 도요타식 생산방식의 기반을 굳히는 것을 가장 중요하게 생각했다. 도요타 직원들이 실천할 수 있어야만 협력업체에도 조언을 해줄 수 있기 때문이었다. 도요타라는 견본이 있다면 협력업체도 목표로 하는 생산방식이 확실히 눈에 보이게 되고, 도입도 비교적 순조롭게 진행된다.

반대로 도요타에서 실천도 해보지 않은 방식을 '우선 도입부터 해보라'는 식으로 밀어 붙였다면 아무리 권력을 사용한다고 해도 그리 쉽게 생산방식을 바꿀 수 없었을 것이다. 무리한 요구라며 오히려 사원들의 반발만 살 수도 있다.

'부하에게 무엇인가 명령이나 지시를 하려거든 자신도 그 명령이나 지시를 받은 것이라 생각하고 같이 연구하라'는 것은 오노 다이이치 씨의 논리이자 동시에 도요타의 철학이다.

생각은 부하 직원에게 맡기고 부하 직원이 제시한 제안에는 대충대충 평론가적인 대답으로 일관한다면 그들 사이에 대화가 통할 리 없다. 부하 직원에게 명령이나 지시를 내렸다면 함께 고민해주고 연구해줄 줄 아는 자세를 가져야 한다. 그리고 거기에 적절한 조언을 덧붙일 수 있는 것이 도요타식 상사이다. 평론가는 필요 없다.

모두가 이상적인 직장상사에 대해 이야기하다가 '우리 과장은…' 이라며 푸념을 늘어 놓는 사람이 있다.

그러나 이러한 생각을 갖고 있는 사람일수록 오히려 계속 '반대를 위한 반대'를 한다거나 문제점에 대해 평론가와 같은 말만 하는 경우를 많이 봐 왔다.

이러한 사람들은 누군가가 새로운 제안을 해오면 여러 가지 이유를 내세워 일단 반대부터 한다. 사내 평론가가 되어 푸념이나 불평을 늘어 놓으며 쓸데없이 시간을 낭비할 정도라면, 그 시간에 스스로를 위해, 회사를 위해, 그리고 사회를 위해 보다 넓은 시각을 갖고 지식을 쌓기 위해 노력하는 편이 더 생산적이다. 정 반대를 하고 싶다면 적어도 대안 정도는 제시하라. 스스로 생각하려 하지 않고, 다른 사람의 트집잡기에 바쁘기 때문에 대안을 생각해낼 만한 시간조차 없는 것이다.

비즈니스의 세계에서는 구체적인 대책도 없이 주장하는 의견에는 아무도 귀를 기울이지 않는다는 것을 명심하라.

그림으로 그리고, 물건으로 말하라
Think in terms of pictures, talk in terms of things.

한 회사의 사장실에 '이상적인 공장'의 일러스트가 붙어 있다. 도요타식 생산방식을 기본 바탕으로 한 생산 개혁에 착수하면서 사장이 머릿속에 그려오던 공장을 일러스트로 그린 것이다. 현재의 모습과는 꽤 다르지만 그림을 통해 많은 것들이 눈에 보이기 시작했다.

'직접 보여 주는 것'의 중요성

　말이나 글로 아무리 잘 설명을 해도 상대방이 내 의도를 이해하지 못하는 경우가 있다. 이해력이 없는 사람이라며 탓하고 싶어지겠지만 상대방이 이해하지 못하는 설명을 한 나에게도 책임은 있다.
　직원들과 회사 전체를 바꿔 가려고 할 때에는 더욱 그렇다.
　한 회사가 도요타식 생산방식을 기초로 한 생산 개혁에 나섰다. 지금까지의 생산방식을 180도 전환해야 할 정도의 대규모 개혁을 목표로 하고 있었다. 그러나 대부분의 사원들에게는 사장의 의도가 잘 전달되지 않는다. 물론 직원들도 지금까지의 방식은 한계가 있다는 것을 모르는 것은 아니다. 그러나 무엇이 목표인지가 분명하지 않다.
　그리하여 사장은 자신이 이상적이라고 여기는 생산방식을 일러스트로 그려 보기로 했다. 실제로 완성된 생산라인과 다른 부분도 상당부분 있었다. 그러나 그림으로 그려서 직접 보여줌으로서 직원 모두가 사장의 의도를 좀더 쉽게 이해할 수 있었다. 그림으로 그리면 낭비도 눈에 보이게 된다. 일러스트를 보면서 회의를 진행하자, 여기는 이렇게 바꾸고 싶다든가, 저기는 이렇게 하면 된다는 등의 다양한 의견이 나오게 되었다고 한다.

이러한 '형상화'의 커뮤니케이션은 새로운 생산라인을 가동시키는 때에도 크게 도움이 되었다. 새로운 생산라인 구축하기에 앞서, 이 회사는 축척 2분의 1 크기의 플라스틱 모형을 제작하여 이를 통해 생산공정 배치를 검토하고 작업 담당자를 교육시켰다. 이때 직원 배치를 검토하는 데에는 사원들이 집에서 가져온 작은 장난감을 기술자로 가정하여 배치하기도 했다고 한다.

일반적으로 익숙하지 못한 생산라인에 대해 교육을 실시하는 것은 쉬운 일이 아니다. 지금까지 해오던 방식을 180도 바꾸어야 한다면 더욱 그렇다. 그러나 이 회사는 평소부터 눈에 익숙했던 장난감을 활용하여 새로운 방식을 지시했기 때문에 직원들을 빨리 이해시키는 데 성공할 수 있었던 것이다.

그림은 심플하게 그려라

도요타식 생산 개혁이 모델 라인을 중시하는 이유는 눈으로 직접 봄으로서 이해력을 눈에 띄게 향상시킬 수 있기 때문이다.

이 회사의 사례처럼 새로운 생산방식을 아무리 말로 설

명해도 상대방이 좀처럼 이해하지 못하는 경우가 있다. 그렇다면 많은 생산라인 가운데 한 라인만 제조방식을 바꾸어 보라. 그러면 그 모델 라인을 통해 부족한 점을 추가적으로 개선할 수 있는 한편, 직원들은 새로운 생산방식을 눈으로 보고 이해할 수 있게 된다. 직원들 모두가 새로운 방식의 장점과 필요성을 인식하게 된다면 그 후의 생산 개혁은 순조롭게 진행되게 된다.

야마토 운수가 도요타와 공동 개발하여 화물차를 제작했다는 이야기는 이미 앞에서 소개한 바 있다. 당시 야마토 운수의 직원들은 합판으로 모형을 만들어 자신들이 의도하는 것을 도요타에 자세히 설명하여 도면을 그리게 하고, 샘플을 만들어 조금씩 고쳐 가면서 화물차를 완성시키도록 했다. 도요타라는 자동차 전문가의 힘을 빌리면서도 기본이 되는 것은 자신들이 연구하고 완성시킨 것이었다.

상대방에게 어떤 일을 의뢰할 때 '이런 걸 만들어 달라'고 불분명하게 지시하고, 그것이 완성되면 '이게 아닌데'라는 불평을 한다. '어디가 잘못되고 어떻게 고치면 되겠냐'고 구체적으로 설명해 달라고 하면 그것을 생각하는 게 전문가의 역할이 아니냐는 태도를 보인다.

이 사람의 머릿속에는 자신이 원하는 것에 관한 구체적

인 그림이 그려져 있지 않다.

난해한 경제 얘기도 그림으로 그리면 쉽게 이해할 수 있게 되는 것처럼 상대방에게 무엇인가를 전달하고 싶다면 최대한 구체적으로 이해시킬 수 있는 방법을 택해야 한다. 일러스트를 그리거나 기호로 도형화하거나 모형을 만드는 등 방법은 많이 있다. 때로는 모델 라인을 통하여 직접 보여주는 것도 효과적이다.

자신이 구상하고 있는 일이 있다면 그 실현을 위해 항상 최선을 다한다. 아무도 몰라준다며 불평하기보다는 제대로 전달하지 못한 자신의 노력 부족을 한탄하라. 사람 사이의 커뮤니케이션은 가능한 구체적인 것이 좋다.

'이해'란 말이 아닌 행동이다

사이타마 현 시키 시가 정규직을 2016년까지 반으로 감축한다는 계획을 발표했다. 인건비를 절감하면서 서비스 수준을 떨어뜨리지 않기 위해 유급 시민봉사자 '행정파트너'를 채용하는 것이 개혁의 핵심이라고 한다. 실현하기까지는 해결해야 할 과제들도 많고, 그를 위해서는 정부에 법 제정을 요청해야 할 필요도 있다.

개혁이 뒤쳐진 관공서에서도 드디어 새로운 바람이 불어오기 시작했다. 기후 현 나노하라 시에서는 도요타 방식을 행정서비스에 도입함으로서 다양한 개선책이 제안되고 있다. 쓸데없는 낭비를 제거하려는 노력 끝에 차입금을 줄이는 동시에 예금이 늘어나는 좋은 결과를 얻었다.

중앙관청에서도 방위청이 장비조달제도 개혁에 착수하여 도요타 방식을 도입한 것 외에 우편사업부에서도 도요타의 물류 노하우를 도입하여 업무를 개선하고 있다고 한다.

시키 시의 경우는 조금 다르지만 도요타식 생산방식이

관공서에서 크게 유행하고 있다. 지금까지의 개선방식과는 전혀 다르지만 이것을 또 다른 진보라 생각한다면 더할 나위 없이 좋을 것이다.

한편 도요타식 생산방식을 단순하게 '수단과 방법'이라고 오해하지 않기를 바라는 마음도 없지 않다.

개선은 무엇을 위해 하는 것인가. 그것은 바로 고객을 위한 것이다. 개선을 함으로서 낭비가 사라지고 원가 절감이 가능해진다. 그것뿐이라면 개선이란 '수단과 방법'의 범위를 벗어나지 않는다. 그러나 도요타식 개선이 영속성을 갖는 것은 그것에 고객을 위한 마음을 추가하고, 현장에서 나온 지혜로 개선을 진행시켜 가기 때문일 것이다.

프라이드가 높은 중앙관청의 공무원들의 입장에서 이러한 의식 개혁은 쉽지 않은 일이다. 무엇보다 시민 또는 국민을 '고객'으로 의식하고 있는지 궁금하다. 과연 이들은 고객의 목소리와 현장에서 실무를 담당하고 있는 사람들의 의견에 귀를 기울일 수 있는 의식을 갖고 있는 것인가.

한 유서 깊은 기업에서 생산 개혁에 대한 강연을 한 적

Column

이 있었다. 강연 중 직원들은 직원들대로 '임원들은 현장 사람들의 의견을 들어주지 않는다'고 주장하고, 임원들은 임원들대로 '당신들의 역할은 현장 개선을 도와주는 일이다'며 반박하는 것을 목격하고 이해가 되지 않았던 일이 있었다.

대기업이나 시청 또는 관공서 모두는 스스로가 변하지 않으면 안 된다는 사실을 머리로는 이해하고 있다. 그러나 정말 이해했는지는 말이 아닌 행동으로 판단하라는 도요타 철학의 관점에서 보자면 과제는 아직 산처럼 쌓여 있다.

우선은 고객이 누구인지 인식하는 것부터 시작할 필요가 있다.

Point

자기 소모적인 일을 만들어 내지 말라

1. '장시간 근무 = 열심히 일한다'는 방정식에서 벗어나라.

2. 개선은 지혜와 돈의 집합체이다.

3. 낭비를 없애는 것을 일상화하고, 과제해결형 개선에 과감히 도전하라.

4. 남의 아이디어에 비평만 하는 사람에게는 관리직을 맡기지 말라.

5. 머릿속에 있는 것을 그림으로 그려 커뮤니케이션을 구체적으로 진행하라.

제**4**장

'어제와 같은' 일은 없다

Be where the problems are.
문제점을 갖고 있는 현장으로 향하라

해외 공장 건설에 성공한 A씨가 국내 자회사를 재건하라는 명령을 받았다. 자신이 건설한 해외 공장에 주력상품을 넘겼기 때문에 자회사가 힘든 상황에 빠졌으니 그 책임자로서 자회사에 부임하라는 이야기다. 모순이라고 밖에 할 말이 없다.

운이 없다고 생각해야 할까? 아니면 이를 둘도 없는 기회라 생각해야 할까?

발상이 없기 때문에 불운하다고 생각하는 것이다

좌천이라든가 낙향이라는 말이 있다. 기업에는 스포트라이트를 한몸에 받는 부문이 있는가 하면 출세와는 거리가 먼 그늘진 부서도 있는 것이 사실이다. 비즈니스맨이라면 누구나 인기가 없는 부서보다는 각광받는 부서에 들어가고 싶어 하며, 부하 직원의 수도 적은 것보다 많은 편이 좋다고 생각한다.

그러나 세상에는 침체에 빠진 회사나 부서 등 문제 있는 현장에 파견되는 사람들이 있다.

앞에서 등장했던 A씨도 그런 사람 중의 한 명이었다. 청년 재건팀 멤버 중의 한 사람으로 자회사에 파견되어 몇 년을 보냈다. 나이도 어리고 권력도 갖고 있지 않은 A씨에게는 어려운 일이었으나 자회사 직원들과 긴밀한 커뮤니케이션을 계속하면서 매일매일 개선에 노력한 결과 신뢰를 얻고 재건에 성공할 수 있었다.

모회사로 돌아온 뒤, 잠시 후 다시 해외 공장 건설에 나서고 다시 자회사의 재건에 힘썼다. 게다가 이번에는 건설 책임자이기도 했기 때문에 자회사를 어려움에 빠트린 장본인 중의 한 사람이기도 했다. 그를 맞이하는 자회사 사람들은 복잡한 심정이었다. 대부분의 사람들은 A씨와 같은 상황이 되면 자신을 불운하다고 여기거나 가능한 피하고 싶은 임무라고 생각하게 된다.

그러나 A씨는 달랐다.

책임의 중압감을 느끼면서도 '좋은 제품을 제대로 만들 수 있는 능력을 갖춘 회사라면 방법만 틀리지 않다면 어떻게든 다시 일어설 수 있을 것이다. 인간은 초자연적인 힘을 갖고 있으니까 사원 한 사람 한 사람의 의욕만 되찾는다면 반드시 재건은 가능해질 것이다'고 생각했다. 실제로 적자 상태에 빠질 것이란 주위의 우려를 뒤집고 적자 경영 한번 없이 눈부신 재건에 성공했다.

A씨뿐만 아니라 회사 재건이나 회생을 성공시킨 사람은 경비나 고용을 과감하게 줄이기보다는 사원들의 잠재적인 가능성을 끌어내려고 하는 능력이 뛰어나다. 무엇보다도 문제점을 안고 있는 현장에 가는 것을 긍정적으로 생각하는 특징을 갖고 있다.

스스로를 필사적인 입장에 세워라

오노 다이이치씨가 "도요타식 생산방식"이란 책에 쓴 글이다.

'예를 들어 회사에서 실적이 좋은 부문을 맡는 것보다 좀처럼 실적이 좋지 않은 취약한 부문을 맡는 것이 그 절박성만큼이나 보람되지 않을까 생각하기 쉽지만, 현실은 그렇지도 않은 것 같다'

동일한 제품을 계속하여 대량으로 생산한다면 비용은 적게 든다. 생산성을 높이고 비용을 절감하기 위해서는 생산량을 늘리면 된다고 생각하는 것이 일반적이다. 그러나 오노 씨는 소량으로도 생산성을 높일 수 있는 방법을 연구했다.

적은 양이라도 능률을 높이는 것으로 비용 절감 효과를 도모하는 것이 도요타식 생산이다. 대량 생산은 확실히 편하긴 하지만 누구나 할 수 있는 일이다. 소량이라도 노력해서 지혜를 짜내는 것에서 보람을 찾는다는 것이 도요타의 철학이다.

많은 문제점을 갖고 있는 작업장에 직접 가서, 어떻게 하면 좋은 제품을 저렴하고 신속하게 만들어 낼 수 있을지를 필사적으로 연구한다. 개선해야 할 과제가 산적해 있다면 그에 대해 지혜를 짜내고, 그 결과를 남기는 일을 수고라고 여기지 않는다. 오히려 즐겁고 보람된 일이라 생각한다.

A씨도 그러했으며, 초 후지오 사장도 젊은 시절에 여러 회사의 개선에 이바지한 경험을 갖고 있다.

거품경기 시절, 제품은 만드는 즉시 팔려 나갔다. 노력하지 않아도 물건은 팔렸다. 그런 시절을 알고 있는 사람들은 팔리지 않는 것을 불황 탓으로만 돌리며 '그 시절이 좋았는데…'를 연발하며 호경기가 다시 돌아와 주기만을 바라고 있다. 그때의 경험을 성공이라 믿고, 그 '성공 경험'에서 벗어나지 못하고 있는 것이다.

그러나 생각해 보라. 실제로는 수요가 없는 것이 아니라 수요에 부응하여 제품이나 서비스를 제공하고 있지 못하는 것일 뿐이다.

지혜는 곤란한 상황이 아니면 나오지 않는다. 때로는 스스로 곤란한 상황을 만들어 봄으로서 필사적으로 지혜를 짜내는 경험을 해보는 것도 좋다. 문제가 전혀 없는 작업장과 문제가 있는 작업장 중 한쪽을 택해야 한다면 솔선하여 문제점을 갖고 있는 곳으로 향하라.

Don't repeat the same mistakes; don't repeat the same successes.
같은 실패를 두 번 하지 말라
같은 성공도 반복하지 말라

'작년에도 잘 넘어갔고 올해도 잘 넘어갔다는 상태로는 아무런 진보가 없다'
오노 다이이치 씨의 "현장 경영"에 나오는 말이다.

과거의 결론대로 실행해도 괜찮은가

지식과 경험은 풍부할수록 좋지만 때로는 그것이 걸림돌이 될 때도 있다.

장기의 일인자 하부 요시하루 씨가 어느 인터뷰에서 "정석"에 대해 아주 흥미로운 말을 한 적이 있다.

현대 장기는 고도로 체계화되어 있어서 '이럴 때는 이렇게' 하는 정석이 늘어나고 있다고 한다. 컴퓨터로 모든 방법을 검색할 수 있고 정석을 모르는 것이 패배로 직결되는 경우도 적지 않다. 이러한 체계화가 발전한 것은 하부 요시하루 씨를 중심으로 하는 '하부 세대'가 나타나기 시작한 이후라고 하는데, 그 중심에 있어야 할 하부 씨가 최근에는 '체계화의 함정'을 느끼기 시작했다고 한다.

'옛날부터 이미 결론이 나와 있다는 장기에서도 실제로 수를 두기란 쉬운 일이 아닙니다. 정석에 얽매이기보다는 스스로 생각해본 방법을 시도하기 위해 노력하고 있습니다'

인터뷰 상에서는 '최근에는 정석이 자꾸 잊혀져서 어쩔 수 없이 스스로 생각할 수밖에 없다'며 기억력 감퇴를 원인 삼아 웃어 넘겼지만, 사실은 그럴 리가 없다고 필자는 생각한다. 다양한 경험과 풍부한 지식을 겸비했음에도 그러한 경험과 지식에 구속되지 않는 자유로운 발상을 하는 것이야말로 하부 씨가 변함없이 강할 수 있는 원인이 아닌가 나름대로 분석해볼 뿐이다.

경험자란 중요한 존재이다. 문제가 발생했을 때 그들은 과거의 경험을 바탕으로 정확한 어드바이스를 해준다. 지식이 풍부한 사람들도 '걸어다니는 사전'이라며 모두들 소중하게 여긴다.

문제는 이러한 경험과 지식이 통용되지 않는 새로운 사태에 직면했을 때이다.

풍부한 경험과 지식을 갖고 있는 사람들은 무조건 '과거에도 같은 시도를 했지만 실패했다. 해봤자 소용없는 일이다'라며 과거의 비슷한 경험을 바탕으로 반대를 하거나 도중에 철회할 것을 주장한다.

그들이 보자면 새로운 사태는 '이미 결론이 나와 있는 상황'인 것이다. 어찌보면 고마운 충고일 수도 있겠지만 바꾸어 생각하면 지금까지의 방식을 바꾸지 않기 위한 반대이기도 한 것이다.

성공을 '만족'이 아닌 '개선'의 출발점으로 삼아라

도요타에서는 '세상에는 해보지 않고는 알 수 없는 일이 많이 있다'는 철학을 가지고 실패에 대해서도 '자신의 눈으로 직접 확인할 것'을 기본으로 삼고 있다.

경영자의 조언도 중요하지만 자신이 직접 해보고 눈으로 확인하는 방식을 더욱 중요시한다. 이런 점에서 '정석에 구애받지 않고 잘 될지도 모른다는 생각이 들면 일단 한번 시도해 본다'는 하부 씨의 사고방식과도 일맥상통하고 있다.

그만큼 오노 다이이치 씨가 말하는 것처럼 '작년에도 잘 넘어갔고 올해도 잘 넘어갔다'는 식으로 같은 것을 반복하는 것은 비생산적이다. 그러한 예로 간접부문인 관리직에 관한 이야기를 했다.

'내가 만약 그 곳의 책임자가 된다면 전임자는 50명을 거느리고 해온 일을 나는 40명으로 할 수 있다는 생각을 갖고 있는가'

몇 명의 부하 직원을 거느리고 있는가가 권력의 상징이었던 시절, 위와 같은 사고방식은 획기적인 것이었다. 오노 다이이치 씨가 생각하기에 이는 '전임자와 같은 일을 해야 한다든가 쓸데없는 낭비를 모두 줄이고 일을 소화해내야 한다든가하는 뜻이 아니라 개선을 하여 두 명, 세 명의 적은 인원으로도 같은 일을 하려는 의지를 갖고 있어야 한다'는 의미라고 한다.

마찬가지로 표준 작업도 개선하여 다시 작성하는 것이 당연하며, 한 달이나 같은 방식을 똑같이 반복하고 있다면 그것은 일을 안 한 것과 마찬가지라고 한다. 말하자면 '매일 개선, 매일 실천' 하라는 뜻이다.

경영자도 같은 것을 반복하기만 해서는 안 된다. 경영자에게도 경험과 능력을 바탕으로 스스로 과제를 발견하여 바꿔 가는 능력이 요구된다.

생산시간 단축이라든가 인원 감축 등 과제는 얼마든지 있다. 할 수 있는지, 없는지는 해보지 않고는 알 수 없는 일이다. 어쩌면 할 수 있을지도 모른다고 생각한 것이 있다면 그것이 무엇이든지 간에 한번 시도해 보아야 한다.

경험을 많이 쌓게 되면 인간은 익숙해진 방식을 바꾸는 것에 거부감을 느끼게 된다. 그리하여 불가능한 이유를 찾는 데에만 지식을 총동원하게 된다. 경험이란 같은 일을 반복하기 위해 있는 것이 아니라 과제를 발견하여 개선해 가기 위한 기본이 되는 것이라고 사고방식을 바꿔 보자. 주위가 변하고 진보하고 있다면 어제와 같은 것을 반복하는 일은 후퇴를 의미하는 것과 같다.

Doubt long-standing techniques.
오래된 관습을 의심하라

생산 개혁 고문으로 부임하게 되는 회사에서는 자주 이런 이야기를 듣게 된다.

'도요타식 생산방식은 자동차를 만들기 위한 것이죠. 이 업계는 자동차를 만드는 업계가 아니니 그 방식이 적용될 리 없습니다'와 같은 회의적인 말이다.

각각의 업계에는 업계 특유의 방식이 있다는 사고방식이다. 그러나 사실 이것이 개혁의 걸림돌이 되고 있다.

규칙보다 소중한 것

도요타식 생산방식을 실천하고 있는 한 업체의 임원이 젊은 사원에게 '당신은 무엇 때문에 헬멧을 쓰고 있는가?' 란 질문을 던졌다. 당연히 안전을 위해 쓰고 있다는 것은 말할 필요도 없다. 젊은 사원은 왜 이미 다들 알고 있는 사실을 묻는 것인가 의아할 수밖에 없었다.

임원은 이렇게 얘기했다.

'우리 업계에서는 작업할 때 헬멧을 착용하는 것이 상식처럼 여겨지고 있습니다. 물론 이는 안전을 위한 것입니다. 그러나 산업계에 눈을 돌려보면 헬멧을 쓰지 않고 작업을 하고 있는 공장을 많이 볼 수 있습니다. 그 대표적인 예로 자동차 조립공장을 들 수 있습니다. 그들이 태만해서 무방비 상태로 일을 하고 있는 것이 아닙니다. 헬멧 착용으로 인해 운동능력과 오감 및 사고능력의 저하, 즉 미비하기는 하지만 단점이 있다는 것을 고려했기 때문입니다. 그러므로 우리들도 헬멧을 쓰지 말아야 한다는 이야기가 아닙니다. 헬멧 하나의 경우라도 상식이니까 또는 상부에서 지시했으니까 당연히 해야 한다는 의식을 가져서는 안 된다는 말입니다. 자신이 일하는 현장과 맡고 있는 작업에 있어서 헬멧이 가지고 있는 기능과 효과는 무엇인지, 꼭 필요한 것인지

아니면 없어도 되는 것인지 한번 진지하게 생각해 보기를 바랍니다'

건설업과 제조업 현장에서 헬멧을 착용하는 것은 상식적인 일이다. 그 임원도 쓰지 말라는 의도로 한 말이 아니다. 단지 '상식'이니까 쓰는 것이 아니라 그것의 진정한 이유를 다시 한 번 진지하게 생각해 보라는 뜻이다. 이러한 관점에서 자신이 하고 있는 일을 하나하나 다시 생각해 본다면 습관이나 상식에 얽매이지 않는 가치관을 가질 수 있게 된다는 사실을 젊은 사원에게 전하고 싶었던 것이었다.

다른 제조업체에서는 회사 재건을 위해 새로 부임한 경영자가 공장 내의 여자화장실이 늘 혼잡하다는 불만을 듣고, 담당자에게 '화장실 수를 늘리는 것은 돈이 없으면 불가능하지만 휴게시간을 라인별로 다르게 하면 해결될 수 있을 것'이라는 제안을 했다고 한다. 그러나 돌아온 대답은 '휴게시간은 규칙으로 정해져 있기 때문에 변경은 불가능하다'는 것이었다.

휴게시간을 몇 분으로 하느냐는 정해져 있지만 전원이 한꺼번에 쉬어야 할 필요가 있을 리 만무하다. 어찌되었건 그 후 화장실 문제는 무사히 해결되지만 CEO는 '사원들 사이에 지시대로 정해진 대로 해야만 한다는 의식이 뿌리 깊이 박혀 있어 그것을 깨는 일 따위는 하고 싶어 하지 않다는 경향이 지배적이었습니다. 어떻게 하면 근무환경이 좋은 직장을 만들 수 있을지를 생각해 보면 규칙보다 소중한 것이 있다고 요즘에서야 느끼게 되었습니다' 라고 말했다.

납득할 수 없는 상식을 발견하라

생산 개혁을 진행하는데 있어서도 업계의 상식과 관습은 때때로 걸림돌로 작용하는 경우가 있다.

'원료 납품은 몇 십 년이나 이곳을 이용하고 있다' 거나 '이 업계에서는 이정도 재고는 갖고 있어야 한다', 또는 '납기는 며칠이 평균적이다', '이 업계의 이익평균은 이정도다' 라는 식의 정의 아닌 정의를 늘어놓자면 한도 끝도 없어진다. 상식이나 관습으로 돈을 벌고 있었던 시절이라면 모르지만 시대는 한곳에 머물러 있어 주지만은 않는다. 지식과 경험이 오히려 개혁의 걸림돌로 작용하는 것은 이러한 경우이다.

오랜 시간 길들여져 온 상식과 관습에서 어떻게 탈피하는가가 개혁의 관건이 된다.

자신의 주위를 자세히 둘러보라. 헬멧과 같은 예들이 여기저기 널려 있다. 불편하다거나 시대착오적이라고 생각하면서도 그 이유를 찾으려고 하지 않고 '관습이니까'란 식으로 납득해 버리고 있지는 않은가. 이유를 안다면 그대로도 좋다. 그러나 납득하지 못한 상태에서 일을 하는 것과 충분히 납득한 뒤에 일을 하는 것은 큰 차이가 있다. 납득할 수 있는 명확한 이유가 없다면 그것은 바뀌어야 한다는 뜻이다.

도요타 철학은 '왜'를 반복하는데 있다. 불량품이 나오면 왜 불량품이 나왔는지를 이해할 수 있을 때까지 파고든다. 작업방식에 문제가 있다면 왜 이런 작업방식대로 일을 해야 하는가를 생각하여 문제점이 없는 작업방식으로 개선한다. 도요타식 생산방식은 오래 전부터 '탈(脫) 상식적'이라 불려 왔지만 오랜 관습이라든가 상식이라는 이유로 모든 일을 처리하려고 들지 않는다.

Don't rely on good luck.

운을 과신하지 말라

열심히 노력해도 결과가 좋지 못할 때가 있다. 그럴 때 '어쩔 수 없다. 이번에는 운이 나빴던 것이겠지'라고 누군가가 말해 주면 왠지 기분이 나아진다. 그러나 '운이 나빴다'며 지나칠 수만은 없는 일들도 있다.

불운을 탓하며 반성을 중단하고 있지는 않은가

　경쟁사에 광고기획을 뺏겼다거나 스포츠 시합에서 졌다고 하더라도 최선만 다했다면 성취감을 느낄 수 있다. 주변 사람들도 열심히 노력한 것에 대해서는 인정을 해준다. 결국 '승부는 운이다. 다음 기회에 열심히 하면 된다'며 스스로를 설득시키기에 이른다.

　분명히 '운'이란 것은 존재한다. 아무리 노력해도 자신의 능력으로는 어쩔 수 없는 경우도 있다. 그러나 이럴 때 운으로 모든 것을 흘려 버리는 것과 왜 실패할 수밖에 없었는지 그 이유를 분석하여 개선해 가는 것과는 큰 차이가 난다.

　알기 쉽게 다시 한 번 요시노야를 예로 들어 설명해 보겠다.

　요시노야가 250엔 세일을 실시하여 인기와 혼란을 불러 일으킨 일이 있었다. 매장과 공장에서도 예측을 크게 뛰어 넘은 고객수에 3일간 철야로 작업을 했다. 그러나 예상을 웃도는 주문에 대응하지 못하고 중단되는 상품이 생기거나 결국에는 일시적으로 문을 닫아야만 하는 매장까지 나오는 등 대성황과 대혼란을 함께 겪었다.

　"요시노야의 경제학"에 따르면 세일은 대단한 혼란은 불러 일으켰지만 세일 기간동안 땀 흘리며 열심히 일한 직원들은 모두 성취감에 만족스러워 했다고 한다. 그러나 한편으로 각 매장의 직원들은 '제조나 물류만 제대로 움직였다면 우리들은 아무 문제없이 성황리에 세일을 끝냈을 것'이라며 '다른 사람이 잘못했다'는 생각을 버리지 못했다. 매장이 혼란스러웠던 것도 '불운이 겹쳤기 때문'이라 생각했다.

이 회사의 아베 슈지 사장은 '이번 혼란의 가장 큰 책임은 세일을 지시한 나에게 있지만 전 직원들도 "불운"만을 탓하지 말고 반성해야만 한다'면서 사태의 원인을 철저히 분석하라는 지시를 내렸다. 그 결과 제조나 물류 분야뿐만 아니라 각 매장의 대응에도 문제가 있었다는 점이 명확해졌다. 이러한 노력 끝에 요시노야는 '패배를 자신의 문제로 삼아 적극적으로 대처해 나가자'는 기업 환경을 조성해낼 수 있었다고 한다.

그 후로 요시노야는 본격적으로 규동 한 그릇에 280엔이라는 가격을 설정했다. 고객수는 당시보다 세 배 이상이나 늘어났지만 세일 때의 경험을 통해 충분한 검토를 실행하고 제조 물류 및 매장에 이르는 모든 분야를 재검토하여 개선 활동을 추진했기 때문에 아무런 혼란 없이 가격 인하에 성공할 수 있었다. 세일의 혼란을 '불운' 탓으로만 지나쳐 버렸다면 요시노야는 가격 인하로 인해 파산했을 것이라고 아베사장은 말한다.

같은 실수를 되풀이하게 되는 이유는 무엇인가

　일을 하다보면 당연히 트러블이 생기거나 실수를 하기도 한다. 하지만 이러한 트러블이나 실수를 '어쩔 수 없었다'거나 '운이 나빴다', '다음부터 조심하자'로 지나쳐 버린다면 개선할 수 있는 기회는 점점 멀어져 간다. 또 타인에게 책임을 전가하거나 범인을 찾는 일도 결국 자신에게 별 도움이 되지 않기는 마찬가지다.
　도요타 철학은 트러블이나 실수를 개선의 기회로 간주한다.
　예를 들어 작업중에 실수를 했다고 가정하자. 대부분의 사람들은 '내가 부주의했던 탓이야'라고 지나쳐 버리기 쉽다. 그러나 잘 생각해 보면 그때 그러한 실수를 할 수밖에 없게 만드는 요소가 있는 경우도 많다.
　또 다른 사례를 들어 보자. 몇 종류나 되는 접착제 통이 놓여 있다. 동일한 크기와 색상의 통이 죽 늘어서 있다. 서로 다른 점이라고는 작게 쓰여진 상품번호 뿐이다. 주의해서 꼼꼼히 살펴보지 않는 한 구분하기가 어렵다. 작업을 하는 사람에게 더욱 주의하도록 지시하는 방법과 통의 크기와 색상을 바꾸거나 상품번호를 눈에 띄기 쉽게 바꾸는 방법 중 어느 것이 더 바람직한가?
　도요타는 후자를 선택한다.

제품을 만들다보면 불량품이 만들어지는 경우도 있다. 대부분의 기업은 나중에 찾아낸다거나 고치면 된다는 생각으로 생산을 멈추지 않는다. 그러나 도요타에서는 불량품이 나오면 생산라인을 모두 정지하고 원인을 철저히 분석한다. 불량품이 나오지 않도록 기계를 개선한 후 라인을 재가동시킨다.

도요타의 이러한 철학은 생산 뿐 아니라 모든 업무에도 해당된다. 실패를 실패대로 끝내지 않고 실패의 원인을 철저하게 분석하고 같은 실패를 반복하지 않도록 개선을 거듭한다.

불운을 탓하는 사고방식은 의기소침해진 기분을 바꿔 줄지는 모른다. 그러나 성공을 자신의 것으로 만들기 위해서는 실패를 자신의 문제로 삼는 자세를 가져야 한다. 행운과 불운을 과신하지 않는 것이 좋다.

Get rid of the idea that you're right.
자신이 옳다는 사고방식을 버려라

한 직원이 해외 공장 건설 책임자로 발령 받았다. 그 후 그는 자사의 상품을 소개하기 위해서 공장과는 별도로 상품전시실을 만들어야겠다는 생각을 갖게 되었다. 그러나 그의 상사는 이 생각에 반대하면서 이렇게 조언했다. '별도로 만드는 것이 아니라 공장 자체를 상품전시실로 만들면 어떻겠느냐'

늘 바쁜 데도 돈을 못버는 사람들의 공통점

도요타식 생산방식을 오랫동안 실천하고 있는 경영자 S씨가 다른 회사의 공장장으로부터 공장을 한번 둘러봐 줄 것을 바란다는 부탁을 받았다. 경영자는 전문가는 아니지만 조금이나마 도움을 줄 수 있을지 모른다고 생각하고 하루종일 꼼꼼히 생산현장을 둘러보았다.

그러자 공장장이 '늘 바쁜 데도 매출이 늘지 않아 걱정'이라고 했던 이유를 이해할 수가 있었다. 그 회사의 생산방식은 이랬다.

그 회사는 A상품과 B상품을 주력상품으로 삼고 있었다. 하루는 A상품을 생산하고 다음 날은 B상품을 생산하는 방식을 반복하고 있다. 그러나 주문은 A, B상품 모두 들어온다. A상품을 생산하는 날은 주문만큼을 출하하고 남은 것은 창고로 운반한다. B상품은 필요한 수량만큼 창고에서 꺼내어 출하한다. 다음 날은 그 반대로 A 상품을 창고에서 꺼내고 그날 생산한 B상품은 주문 수량을 출하하고 남는 것을 창고에 쌓아 둔다.

주문이 들어온 만큼 A 상품 B 상품을 그날그날 만들어 그대로 출하하면 창고에 넣고빼는 일은 불필요해진다. 그러나 이 회사의 입장에서는 창고에 상품을 운반하는 일은 하나의 훌륭한 작업이며, 낭비라고는 생각하지 않고 있었다. 그러나 낭비를 그대로 내버려 두면 아무리 바쁘게 움직인다 하더라도 매출로는 연결되지 않는 것이다.

S씨는 그 회사의 경영자에게 생산방식에 얼마나 낭비가 많은지를 지적한 후 하루에 A, B 상품을 모두 만들 수 있는 방법을 조언해 주었다. '지금까지 이 방식으로만 해왔기 때문에 이것이 가장 좋은 방법인 줄로만 알았습니다. 최근 매출이 오르지 않아 이상하다는 생각을 하긴 했지만 오늘에야 비로소 그 원인을 알았습니다.' 그 경영자는 이렇게 말했다.

S씨에게도 이와 같은 경험이 있었다.

미래를 대비하여 제품 생산방식을 바꿀 필요가 있다고는 생각했지만 어떻게 해야 할지 알 수가 없었다. 이때 도요타 그룹을 견학하러 갈 기회가 생겼다. 그곳에서 그는 도요타에서는 부품을 찾고 있는 사람이 한 명도 없다는 것을 알게 되었다고 한다.

돌아와서 자신의 회사방식을 살펴본 결과, 원료를 찾거나 제품을 창고에서 찾아오는 등의 작업이 의외로 많다는 것에 놀랐다고 한다. '찾거나 운반하는 것은 일에 속하지 않는다' 는 도요타 철학에서 보자면 자신의 회사에서는 소모적인 일이 너무 많았다. 이를 계기로 이 회사는 생산 개혁에 착수하게 되었다고 한다.

1. 불량 및 보수
불량품이나 보수가 필요한 제품 생산으로 인해 품질이 저하되고 원가가 상승되는 낭비

2. 과잉 생산
팔리지 않는 제품을 팔릴 것이라 착각하여 생산하므로서 발생하는 낭비

3. 가공
공정의 진행 및 가공의 정밀도와는 전혀 관계가 없는 불필요한 낭비

4. 운반
불필요한 운반, 보관, 정리 및 장거리 운반 등의 낭비

5. 재고
필요수량 이상으로 많이 생산중인 제품 납품으로 인해 발생하는 낭비

6. 동작
작업 중 부가가치를 생산하지 않는 작업자 및 기계의 움직임

7. 대기
전 공정의 제품 생산 진행시간이 길거나 기계 고장 등의 작업이 불가능해지는 데서 발생하는 낭비

8. 산업폐기물
대량의 산업폐기물은 처리비용이 많이 들고 환경문제를 야기한다.

* 이는 제조업의 사례이지만 모든 산업 현장에는 동일한 낭비가 감춰져 있다.

명심하라! 개선해야 할 곳은 아직도 많다

　도요타식 생산방식을 바탕으로 나름대로의 생산방식을 확립해 가고 있는 앞의 두 회사는 공장견학을 원하는 다른 회사 임직원들에게 공장을 공개하고 있다. 원래는 공장을 견학시킨다 하더라도 자유롭게 모든 것을 보여 줄 수는 없다. 안내담당자의 설명을 들으면서 정해진 코스를 둘러보는 게 일반적이다. 그러나 이 회사를 비롯하여 도요타식 생산방식을 도입한 기업은 대부분 공장을 완전히 개방하고 있는 경우가 많다. 공장 자체를 상품전시실로 만든 것이다.

　회사의 생산방식을 다른 사람들에게 공개하여 생산능력을 매출로 연결시키거나 많은 사람들이 공장을 견학함으로서 직원들의 사기도 높아진다는 장점도 있다. 무엇보다 공장 개방을 통해 더욱 생산수준을 향상시키려는 것이다.

　일반적으로 자신이 하고 있는 일을 타인에게 보여 주기 싫어하는 사람들이 많다. 정말로 중요한 기업비밀이라면 모르지만, 뭐든지 비밀로 하고 감추려고만 하는 사람이나 기업도 있다. 타인으로부터 결점을 지적받고 싶지 않다거나 다른 사람에게 보여준다는 것 자체를 창피하다고 생각하기 때문일 것이다. 그러나 이런 방식을 통해서는 사람이나 기업 모두 발전을 기대할 수 없다.

먼저 자신만이 옳다는 사고방식을 버려라.

'지금하고 있는 일은 낭비가 심하다. 아직 개선을 더 해야 한다'고 생각하는 것이 도요타의 철학이다. 이러한 사고방식을 갖고 있기 때문에 열심히 다른 회사를 벤치마킹하고, 좋은 생산방식을 갖고 있는 기업이 있다면 규모를 불문하고 둘러보러 간다. 물론 도요타를 보고 싶어 하는 사람들에게도 가능한 많은 것을 보여 주려 한다. 다른 회사가 도요타를 모방해도 개의치 않는다. 그보다 더 앞서 나가면 되기 때문이다.

자신의 방식에 만족해서는 안 된다. 언제나 '아직 더 개선해야 할 곳이 많다'는 생각을 가져라.

Beware of introversion.
소극적인 자세를 조심하라

도요타 생산방식에 바탕을 둔 생산 개혁에 성공한 기업이 있었다. 그 비결을 알고자 많은 기업들이 공장을 견학하러 왔다. 이 회사는 다른 회사가 필요로 한다면 직접 그 회사에 가서 생산 개혁을 도와주기도 했다.

비난 공방만을 일삼아서는 내일을 기약할 수 없다

아사히 맥주의 전 회장인 히구치 코우타로 씨는 "전례는 없다! 그렇기 때문에 도전한다"라는 저서에서 '깊지만 깨끗한 맛'이란 카피로 유명해진 맥주맛을 정하게 된 에피소드를 소개했다.

이 맥주가 시판되기 전 아사히 맥주는 맛에 대해 고객 5,000명에게 설문조사를 실시한 결과 '맛을 바꾸는 것이 좋다'는 의견이 87%나 되었다. 이 결과를 본 아사히 맥주는 '우리들은 고객이 원하지 않는 맥주를 만들고 있었다'는 것을 깨닫고 진정으로 고객이 원하는 맛은 무엇인지를 분석하며 신상품 개발을 시작했다고 한다.

그 당시까지 맥주의 맛은 업체가 결정했다. 기술진과 연구진이 마음대로 '이런 맥주가 소비자에게 맞다'고 추측하여 맥주를 만들었다고 한다. 이와 반대로 신상품 개발을 위해 몇 번이나 시음회를 열어 고객의 반응을 참고하면서, 영업부도 맛 결정에 참가했다. 그리하여 진정한 의미의 고객이 원하는 상품 개발에 성공한 것이다.

히구치 씨의 말처럼 어떤 회사라도 기술분야와 영업분야의 의견은 상반될 때가 많다. '팔리지 않는 것은 영업부의 책임이다', '기술진들이 좋은 제품을 만들지 않았기 때문에 영업사원들이 아무리 열심히 해도 팔리지 않는 것이다'며 서로를 비판한다.

아사히 맥주의 경우에는 기술과 영업 분야가 서로 협력함으로서 성공을 손에 넣을 수 있었다. 그러나 지금도 밥그릇 싸움에만 매달리는 사람들이나 회사도 많이 있다. 그들은 도대체 무슨 생각하고 일을 하는 것일까? 일의 목적은 '고객의 사랑을 받는 것'이며, 또한 '경쟁에 이기는 것'이다. 사내 정치에만 매달려서는 경쟁에서 살아남을 수 없다.

지금이 정상이라 생각하면 더 이상 위로 올라갈 수 없다

앞에서 소개한 회사는 생산 개혁을 추진하며 얻은 경험을 바탕으로 컨설팅사업을 시작했다. 사내에 전문 컨설턴트가 있는 것은 아니다. 각 직원들이 자신의 업무를 병행하면서 다른 기업의 생산 개혁을 도와주고 있는 것이다.

그러나 실제로 컨설팅을 하는 데는 많은 어려움이 있었다.

어떤 젊은 사원은 의뢰를 받은 기업에서 노동조합의 강경함에 쩔쩔맨 경험을 한 적이 있다. 노조가 없는 기업에서 일을 해왔기 때문에 처음에는 작업방식 하나를 변경하는 것도 쉽지 않았다고 한다. 모든 일에 노조가 '이것은 노동 강화다'란 말로 반대를 해 왔기 때문이다.

곤혹스러웠지만 하나하나 이유를 설명하고 이해시키는 노력을 거듭하여 겨우 노조의 협조를 얻을 수 있었다. 며칠씩 그 회사에서 숙식하며 개선활동을 추진해간 결과 새로운 생산라인이 무사히 가동되게 되었고, 같이 술자리를 할 만큼 노조와도 친해졌다고 한다.

강경하게 개혁을 반대하던 그 회사의 베테랑 직원도 '새로운 생산라인이 가동되는 첫날에는 새로운 마음으로 새 구두를 신고 와야지' 하며 가동 첫날 새로 산 구두를 신고 온 모습에는 감동을 받기까지 했다고 한다. 모두들 조용히 일만 하던 작업현장에 대화가 피어나고 의견을 교환하는 모습을 보았을 때 '이 일을 맡기 잘했다'는 생각이 들었다고 한다.

자신의 회사에서 키워낸 노하우를 외부에 전수하기란 쉽지 않은 일이다. 상업적으로 생각해 봐도 이득이 없다. 그럼에도 이 회사가 컨설팅 사업을 고수하는 것에는 이유가 있었다.

우선 미래를 기대할 수 있다. 그러나 이를 통해 사원들이 성장을 더욱 기대하고 있다.

스스로 지혜를 교환함으로서 사원들은 생산 개혁에 성공할 수 있었다. 그러나 주의해야 할 것은, 직원들이 그것으로 충분하다고 만족하는 것이다. 도요타 에이지 씨가 그의 저서 "결단"(닛케이 비즈니스)에서 '지금이 절정이라 생각하면 더 이상 위로 올라갈 수 없다'고 말한 것처럼 이 회사도 젊은 사원들이 지금 상태에 만족하지 말고 항상 보다 나은 것을 지향하기를 바라고 있는 것이다. '다른 회사에서도 해낼 수 있어야 참된 인재'라는 생각을 갖고 있다고 할 수 있다.

도요타 사키치는 '문을 열어 보아라. 밖은 넓다'란 말을 한 적이 있다. 소극적인 자세로는 경쟁에 이길 수 없다. 진정한 의미의 경쟁을 하라.

백문이 불여일견, 백견이 불여일행(百見이 不如一行)

어느 기업의 의뢰를 받아 공장을 견학한 때의 일이다.

생산라인을 둘러보러 갔는데 기계가 멈춰 있었다. 공장 책임자에게 어찌된 일인가를 묻자, 기계 상태가 좋지 않아 정지시켰다며 다른 곳을 보러 가자고 했다. 어쩔 수 없이 다른 생산라인을 둘러보고 난 후 되돌아와 봐도 그 기계는 가동되고 있지 않았다. 공장 책임자는 이상하다며 평소에는 이렇지 않다고 변명을 했지만 적어도 기계 상태가 좋지 않은 것은 갑자기 일어난 일이 아닌 듯 보였다.

당황하는 책임자의 모습을 보고 '이 사람은 책임자이지만 거의 공장을 찾아오지 않는구나' 하는 생각을 하게 될 뿐이었다.

언젠가 본 영화에 이런 대화가 있었.

'전선을 끊었는가?' '예, 전원은 껐습니다.', '전원을 끄라고 한 것은 며칠이나 전의 일이지 않는가? 작업에 방해가 되니 전선을 끊으라고 말했을 텐데.' '예. 즉시 알아

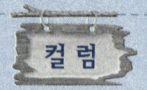

컬럼

보도록 지시하겠습니다.' '지시할 게 아니라 눈으로 직접 확인하고 와. 전선은 그대로가 아닌가.'

이러한 일은 본인이 직접 그곳에 가보면 금방 알 수 있는 일임에 틀림없는 데도 지시한다고 한 것이다. 자신이 직접 그곳에 찾아가 눈으로 확인하는 습관을 갖고 있지 않은 사람은 대부분 '알아보도록 지시하겠다', '보고 받겠다'고 말하는 것이다.

앞에 등장한 공장책임자도 공장이 순조롭게 가동되고 있다고 보고 받았는데, 실제로 가보니 기계의 상태가 나빠서 당황한 것이다.

도요타식 생산방식을 실천하고 있는 어느 주택업체의 경영자는 태풍이 접근하고 있는 데도 스스로 현장을 보러 가지 않거나 부하를 대신 보내는 관리직들을 엄중하게 질책한다. '보고 오라'고 다른 사람에게 지시하는 것은 분명히 편한 일이다. 현장을 보고 돌아온 부하 직원에게 보고 받은 대로 경영자에게 전달하면 되기 때문이다.

그러나 이 경영자는 이렇게 다른 사람에게 자신의 일을

Column

미루는 태도는 용납할 수 없다고 한다.

귀로 듣는 것만으로 모든 일을 납득해서는 안 된다. 자신의 눈으로 직접 확인하는 자세를 갖고 있다면 성공은 물론 실패해도 많은 것을 배울 수 있게 된다.

'백문이 불여일견이다. 그러나 백견은 불여일행(百見은 不女一行)이다' 는 것이 지금도 변함없는 도요타의 철학이다.

Point

'어제와 같은' 일은 없다

1. 사원의 잠재적인 가능성을 이끌어내라.

2. 자신이 직접 해보고 눈으로 확인하라.

3. 좋은 근무환경을 만들려면 규칙보다 소중한 것이 있음을 깨닫게 하라.

4. 왜 그것을 해야 하는가를 납득한 후에 작업에 임하라.

5. 실패를 자신의 문제로 삼아라.

6. 자신의 방식에 만족하지 말고 아직도 개선할 곳이 많다는 생각을 가져라.

7. 일의 목적은 고객의 사랑을 받는 것이며, 경쟁에서 이기는 것이다.

8. 사원들이 미래를 기대할 수 있게 하라.

제5장

'반복'의 힘을 믿어라

Smile even when you don't mean it.
거짓으로라도 웃어라

'이 회사의 사원들은 모두 활기가 넘쳐흐르는군요. 어떻게 하면 우리도 이런 사원들을 만들 수 있을까요?' 도요타식 생산방식을 실천하고 있는 어느 회사를 방문한 사람이 이 같은 질문을 했다. 확실히 사원 모두가 밝게 인사를 하고 사내에는 활기가 넘쳐흐른다. 경기가 좋기 때문만은 아닐 것이다.

웃기 때문에 즐거워진다는 일의 기술

 메이저리그에서 활약하고 있는 하세가와 시게토시 선수는 원래 구원투수지만 팀이 곤란한 상황에 빠졌을 때는 마운드에 설 때도 많다. '일 점차 노아웃 만루' 같이 한 점도 줄 수 없는 극도의 긴장 상태에서는 기가 약한 사람이라면 그대로 얼어버리기 쉽다. 그러나 하세가와 선수는 이러한 때에도 큰 심호흡을 하여 침착함을 되찾은 후 마운드 위에서도 미소를 멈추지 않는다. 메이저리그로 간 후부터 몸에 밴 자기 관리술 중에 하나라고 한다.

 일본에서라면 "전장에서 실실 웃다니 어찌된 일인가?"라는 말을 듣기 쉽겠지만 인간은 너무 긴장하면 오히려 힘을 발휘할 수 있는 법이다. 장거리 경주라도 웃는 얼굴로 달리는 편이 더 좋은 기록이 나온다는 데이터도 있다고 한다.

 그러고 보니 마라톤 선수인 다카하시 나오코 선수도 경주 후에 '즐거웠다'란 말을 자주 한다. 힘든 싸움 끝에 이대로 계속 달리고 싶었다는 말을 듣는다는 것은 놀라운 일이다.

 확실히 아무리 어려운 상황에서도 능숙하게 마인드컨트롤만 할 수 있다면 좋은 결과를 얻을 수 있을 것이다.

 일도 이와 마찬가지이다.

 재정 악화나 매출 부진에 고심하는 회사의 사원들은 아

무래도 의기소침해지기 마련이다. 대화보다는 푸념이 늘어나고 다른 부서 혹은 임원들의 무능함만을 탓하게 된다. 파산한 어떤 기업의 직원을 면접한 일이 있었다. 대학은 일류고 경력도 말할 나위 없었지만 성격검사 결과가 좋지 못했고 무엇보다 대답에 패기를 느낄 수 없었다. 엘리트들은 대부분 내성적이라고 생각하면 그뿐일 수도 있겠지만, 적어도 파산 전 그는 지금과는 달리 당당한 모습이었을 것이다. 놓여진 환경이나 기분 상태 하나로 사람이 이렇게까지 바뀔 수 있는 것에 놀랐다.

일의 성격상 필자는 많은 회사나 공장을 방문하는 일이 많다. 우리와 같은 고문들이 회사에 들어가면 활기찬 목소리로 인사를 해주는 회사가 있는가하면 거의 무시하고 지나쳐 버리는 회사도 있다. 그 차이는 어디에 있는 것일까?

불가능하다는 백 가지 이유보다 할 수 있다는 한 가지 가능성을 찾아라

앞에서 소개했던 회사도 처음부터 이렇게 활기가 넘쳤던 것은 아니었다. 매출 부진이 지속되어 직원들은 모두 의욕을 잃고 있었다.

그리하여 이곳에 새로 부임한 사장은 무조건 현장을 방문했다. 하루에 두세 번 얼굴을 공장을 찾아가서 '안녕하십니까'라며 큰 목소리로 공장을 돌았다. 처음에는 아무도 대답을 하지 않는다. 그래도 직원들에게 인사를 계속하자 한 사람 두 사람씩 인사가 돌아오기 시작했다. 그러면서 사장에게 직접 "이곳을 바꾸고 싶은데요"하며 개선책을 제안하기까지 이르게 되었다고 한다.

이 사장은 이렇게 회고했다.

"나는 스스로 인사는 했지만 모두에게 인사하란 말은 하지 않았습니다. 그들이 인사를 하지 않는 것은 무언가 즐겁지 않다고 생각했기 때문이겠죠. 그런 것은 신경 쓰지 않고 이쪽에서 활기찬 목소리로 대한다면 조금씩 바뀌는 것은 당연합니다. 모두가 지금과 같이 활기차게 바뀌기까지는 2년이나 걸렸지만 결코 늦은 것은 아니지 않은가요?"

이러한 경영자가 있기 때문에 비로소 회사도 직원들도 활기를 갖게 될 수 있는 것이다.

도요타 그룹에도 늘 활기찬 목소리로 직원들에게 말을 거는 경영자가 있었다. 그는 자주 '불경기 같은 얼굴은 하지 말고 거짓으로라도 웃어라'며 직원들을 격려하고 있다.

하세가와 선수는 마운드 위에서 미소를 통해 공을 던지

는 일이 즐거워지고 긍정적으로 경기에 임할 수 있게 되었다고 한다.

이치로 선수도 수위타자 선발전에서 '확률을 생각하면 확률을 떨어뜨리고 싶지 않기 때문에 타석에 들어서기가 싫어지지만, 한 번이라도 안타를 치고 싶다고 생각하면 빨리 타석에 서고 싶어집니다.'고 말했다.

이 두 사람은 긍정적인 사고를 가진 사람들이다.

도요타도 긍정적인 사고를 지향한다.

무엇인가를 하기 전부터 할 수 없다, 어렵다라고 생각해서는 가능한 것도 불가능해져 버린다. '불가능하다는 변명보다 어떻게 하면 할 수 있는지를 생각한다' 는 것이 도요타의 철학이다. 누가 시키는 대로 묵묵히 일만 하는 것은 힘들다. 그래서 지혜를 짜내어 조금이라도 쉬운 방법을 찾도록 하는 것이다.

어느 회사는 계단 층계참에 전신을 비출 수 있는 큰 거울을 비치해 두고 있다. 거울 앞에서 미소를 짓고 난 후 일을 시작하는 것이 그 회사의 일상이다.

불경기와 같은 얼굴을 하고 있는 사람에게 좋은 지혜가 떠오를 리 없다. 밝고 명랑하게 인사하고 긍정적인 사고를 가진다. 이러한 매일의 작은 노력이 회사와 개인 모두를 활기차게 만든다.

Don't give up; someone is watching you.

포기하지 말라
누군가가 당신을 지켜 보고 있다

일본은 노벨상 획득의 목표 수치를 설정하고 있다. 그러나 문부과학성에 따르면 다나카 코이치 씨의 화학상 수상은 전혀 예기치 못했던 일이었다고 한다. 그가 다크호스 같은 존재였기 때문일까, 아니면 다나카 씨를 발굴해낸 노벨상 심사위원회가 대단한 것일까? 아무튼 누군가가 보고 있다는 것만은 확실하다.

> **좋아하는 일을 하는 것도 좋다. 그러나 일을 좋아하는 것은 더욱 좋다**

　대학생이 취업활동을 할 때 제출하는 '지원동기서'라는 것이 있다. A3 한 장 정도의 종이에 몇 가지의 질문이 올라와 있다.

　이력서가 학력, 특기나 취미, 지망동기 등을 간단하게 기입하는 것인데 반해, 지원동기서는 '왜 이 회사에 지망하는가', '성공경험을 들려 달라', '자신에 대해 자유롭게 PR하라'는 등 여러 가지 질문에 대한 넓은 답변공간이 마련되어 있다. 철저하게 준비하지 않고서는 좀처럼 쓸 수 있는 질문이 아니다.

　이러한 질문 중 하나로서 '입사한 뒤에 무엇을 하고 싶은가'란 질문이 있다. '개발분야 혹은 영업분야에 종사하고 싶다' 정도의 건성대답으로는 통과되지 않는다. 그 직종에 대해 자세히 알아본 뒤, 왜 그 일을 하고 싶은지, 어째서 그것을 할 수 있다고 생각하는지에 대해서까지 심도 있게 써야 할 필요가 있다.

　이렇게 구체적인 답을 요구하고 있는 다양한 질문이 제시되는 이유는 최근의 심사 경향이 '어느 회사'보다는 '무슨 일을 하고 싶은가'를 중시하는 경향이 있기 때문일 것이다. 입사할 때 그런 것까지 생각하지 않았던 필자세대와는 달리 희망하는 일, 좋아하는 일이 명확한 요즘 세대에 어울리는 전형 방법이다. 그러나 자신이 희망하는 일이 너무 분명한 것에도 문제는 있다.

인생을 즐기려면 좋아하는 일을 하면 된다. 좋아하는 것이 일이라면 그것만큼 좋은 것은 없을 것이다. 그러나 좋아하는 일을 하고 싶어 입사한 회사에서 처음부터 자신이 좋아하는 일을 할 수 있게 되리라고는 장담할 수 없다. 그러한 경우 '내가 좋아하는 일을 할 수 없으니까'라며 금방 회사를 그만두는 젊은이들이 있다는 것이다.

안타까운 일이다.

물론 그 중에는 정말 심각한 회사도 있을 것이다. 그러나 조금만 참고 자신이 하고 싶은 일을 할 수 있을 때까지 열심히 한다면 주위로부터도 인정을 받고 자신이 진정으로 원하는 일을 할 수 있게 되는 경우도 적지 않다. 또 주어진 일을 좋아하게 됨으로써 자신감을 갖게 되고 큰 성과를 손에 넣는 사람들도 있다.

편해지고 싶다는 생각에서 아이디어가 태어난다

어느 경영자는 자신의 경험을 살려 금방이라도 좌절할 것 같은 젊은 사원들을 '포기하지 말라. 누군가가 보고 있다'는 말로 언제나 격려하고 있다.

그에게는 젊은 시절 직속상관과 작은 일로 충돌하여 일시적으로 일이 잃게 된 경험이 있다. 쉽게 말해서 상사가 업무를 주지 않았던 것이었다. 그때 할 일이 없어진 그는 예전부터 관심이 있었던 발명관계의 공부를 시작했다. 원래 사람이란 자신이 좋아하는 것은 빠르게 받아들이는 법이다. 결국 그는 특허관리사의 자격을 취득하여 특허에 관한 한 세무사를 통하지 않아도 스스로 신청할 수 있는 실력을 갖추기에 이르렀다.

그때 마침 회사가 특허에 관한 상담을 접수받거나 지도를 하는 부서를 신설하게 되어 특허 관리사의 자격을 갖고 있는 그에게 재기의 기회가 주어졌다. 그는 그 일을 통해 개선책과 특허를 연결시켜 지금까지 특허와는 거리가 멀다고 여겨져 왔던 생산현장 개선을 특허로 신청하는 것에 성공했다. 이것이 독특하다는 평가를 얻게 되고, 외부에서도 강연을 의뢰받기에 이르렀다.

그 당시를 회고하는 그는 이렇게 말했다. "당시에는 회사에 와서 할 일이 없었기 때문에 어쩔 수 없이 시작한 공부였지만 그것이 뜻밖의 결과로 연결되었습니다. 상사와 충돌하여 할 일이 없어지지 않았다면 불가능했던 일이라 생각하니 사람의 일이란 무엇이 행운인지 알 수 없지요"

지금은 이렇게 아무렇지 않게 얘기하고 있지만 입사하고 얼마 되지 않아 일을 빼앗긴 그 당시에는 전혀 즐겁지 않았을 것이다. 상당히 괴로웠을 테지만 그가 지금도 신조로 삼고 있는 사고방식이 그를 구했는지도 모른다.

'회사에 입사하여 싫은 일이나 괴로운 일에 직면하면 그것을 해결하기 위해서는 어떻게 해야 하는지 한번 생각해 보십시오. 곤란한 일을 그대로 두면 회사에 대한 불만만 커지지만, 해결책을 생각하면 그것이 개선으로 연결되기 때문입니다. 언제나 즐거운 방향으로, 좀더 편하고 쉬운 방향으로 생각하는 습관을 갖는다면 아이디어는 언제나 창출될 것이며, 불평불만이 쌓일 틈이 생기지 않습니다.

적극적인 자세에서 기회가 태어난다

문제에 직면했을 때 그것을 비관적으로 생각할 것인지 아니면 낙관적으로 받아들일지에는 큰 차이가 있다. 싫은 일, 힘든 일에 직면했을 때 해결책을 생각하고 그것을 개선의 힌트로 삼을 수 있는 사람이라면 힘든 일조차 비약의 찬스로 바꿀 수 있을 것이다.

소극적인 자세로는 개선활동을 추진해 나갈 수 없다. 도요타가 말하는 개선은 모든 일에 긍정적으로 임하는 것으로 실현 가능해지기 때문이다.

자신이 좋아하는 일을 할 수 없거나 자신의 생각대로 되지 않는다는 생각이 들었을 때는 그 해결책을 위한 지혜를 짜내고 도전하기를 반복한다. 그러한 자세는 반드시 누군가가 보고 있을 것이 틀림없다.

Dare to make forgivable mistakes.
허용되는 실수를 많이 하라

개선이 사내에 정착될지 아닐지는 회사 전체에 실패를 즐기는 분위기가 있는가의 여부에 달려 있다. 새로운 시도를 하는 이상 아무리 사전에 검토를 거쳤다하더라도 실제로 해보지 않으면 알 수 없는 것들이 많다. 실패를 비난하기보다는 실패를 즐기고 실패에서 많은 것을 배우는 자세가 더욱 건설적이다.

개선은 '한 번 더'의 반복

체조의 여왕으로 스포츠 저술가인 야마사키 히로코 씨가 쓴 수필을 읽은 적이 있다.

어느 체조대회에서 한 코치가 연기를 끝낸 중학생 선수에게 이렇게 화를 내고 있었다. '왜 실수했어! 실수하면 이길 수 없다는 것을 알고 있지?' 야마사키 씨는 차마 더 이상 그 자리에 있을 수가 없었다.

체조세계는 실수를 용납하지 않고 너무나 중요시하는 풍토가 있어 성공확률이 낮은 기술은 연기에서 배제한다고 한다. 그래도 실수를 하면 크게 질책을 받는다. 대회에서 좋은 성적을 올리기 위해서는 어쩔 수 없지만 주니어 선수시절부터 실수에 너무 민감해지는 선수들은 서서히 시합을 두려워하게 된다고 한다. 그 결과 모처럼 연습한 기술을 실전에서는 일부러 사용하지 않는 등 점점 실전에 약한 타입으로 바뀌어 버린다. 이러한 상태로는 세계를 상대로 싸울 수 없다. 한두 번 실수에 주눅 들지 말고 가능한 계속하여 도전하는 것이야말로 본선에서 능력을 발휘할 수 있는 선수를 만드는 비결이 아닐까하는 것이 야마사키 씨의 생각이다.

비즈니스 세계에서도 이 얘기는 그대로 적용된다. 실수를 두려워하지 말라는 것은 대부분의 기업에서 하는 말이지만, 실제로 어디까지 그것이 정착되어 있는지는 아직 의문이다. 눈앞의 수치는 당장의 결과만 중시하여 실수를 질책하는 관리자들이 많다. 실수해도 좋으니 과감히 시도하라고 말할 수 있는 사람은 그다지 많지 않다.

새롭게 무엇인가를 창출해 내려고 한다면 실패는 당연히 따라오기 마련이다. 개선의 결과가 오히려 상황을 나쁘게 만드는 경우도 얼마든지 있다. 그러나 그것을 질책해서는 개선이 사내에 정착될 수 없다. 개선이 상황을 나쁘게 만들면 그것을 개선한다. 이러한 반복을 통해서만 새로운 것이 태어날 수 있다.

흔히 있는 실수를 조심하라

도요타에서는 '노력하고 도전도 했지만 실패한 사람'은 질책하지 않는다. 오히려 '새로운 아이디어를 창출할 노력도 도전도 하지 않는 사람'을 탓한다.

익숙한 방식을 계속하는 것은 편한 일이다. 익숙한 만큼 실수하는 일도 적다. 그러나 언젠가는 고객에게도 세상에게도 버림받게 된다. 자신은 변하고 싶지 않지만 주위가 변해 버리기 때문이다.

그렇다면 변화를 일상적인 것으로 바꿀 필요가 생기고, 변화를 즐기고 때로는 실패도 즐길 필요가 생긴다. 실패를 두려워하지 말고 새로운 것에 도전하는 의욕을 상실하는 것을 더욱 주의해야 한다. 그렇지 않으면 세계무대는 고사하고, 다른 회사와 경쟁하는 일조차도 불가능해지는 것이다.

'실패를 즐긴다'고 하더라도 주의해야 할 점이 두 가지 있다.

첫 번째는 실패를 통해 배울 수 있어야 한다. 앞에서도 언급했지만 실패를 '운' 탓으로만 돌린다면 실패는 실패로 끝나버린다. 도요타의 「왜」를 다섯 번 반복한다'는 사고방식을 통해 실패의 원인을 밝혀내고, 같은 실패를 두 번 다시 번복하지 않도록 대책을 세울 필요가 있다. 같은 실패를 몇 번이나 반복한다면 그야말로 상사에게 쫓겨나도 할 말이 없는 것이다.

두 번째는 단순한 실패나 실수를 반복해서는 안 된다는 점이다. '실패해도 좋으니 과감히 도전하라'고 격려해 주는 것은 어디까지나 새로운 개선이나 아이디어에 대한 도전에서 생기는 실패이다. 부주의로 인해 발생하는 실수나 막을 수 있는 데도 대책을 게을리한 결과로 얻게 되는 실수는 벌써 그 질이 다르다.

야구에서도 충분한 상황을 판단한 뒤에 과감히 다음 루를 노리지만 선수들의 멋진 기술에 의해 터치아웃을 당하는 경우에는 어쩔 수 없다. 그러나 집중을 하지 않은 결과로 인한 흔한 실수는 책임을 추궁 받게 된다.

같은 말이지만 실패에도 여러 종류가 있다. 도전의 결과로 얻게 된 실패, 아무 것도 하지 않은 데서 생기게 된 실패, 단순한 부주의에 의한 실패 등. 하지만 전자는 허용되지만 후자의 두 가지는 용납되지 않는다. 용납되는 실패라면 한 두 번했다고 해서 주눅 들어서는 안 된다. 몇 번이고 적극적으로 계속 도전하여 경쟁력을 키워나가야 한다.

Don't stop until you succeed.
성공할 때까지 멈추지 말라

　불량품을 완전히 없애려고 한다면 아예 생산을 그만두는 것이 가장 좋은 방법이다. 그 만큼 제조업에 불량품이 생기는 것은 어쩔 수 없는 것이라고 모두들 생각한다. 그러나 도요타에서는 '불량품을 만든 것은 일한 것이 아니다' 라는 사고방식을 가지고, 좋은 품질의 제품을 100% 생산하는 것을 목표로 한다. 한편 5%에서 가능성을 찾아내는 경우도 있다.

왜 99%에 만족하면 안 되는가

불량품을 많이 만들어 내는 것은 원료의 낭비이지 일한 것이라고 할 수 없다. 도요타식 생산방식에 사용되는 기계에는 모든 움직임이 일이 될 수 있도록 자동정지 장치가 장착되어 있다. 직기를 예로 든다면 실이 한 줄만 끊겨도 기계는 자동으로 정지되어 하나의 불량품도 만들지 않도록 연구되어 있다.

이와 같은 것을 작업하는 모든 사람들에게도 똑같이 적용한다. 작업 중 불량품을 만들어 냈다고 생각하면 작업자 스스로가 생산라인을 정지한다.

일반적인 기업에서는 가동에 집착한다. 불량품이 나올 것 같아도 최종 공정에서 검사하면 된다거나 나중에 보완하면 된다는 사고방식을 갖고 있다. 그러나 만일 검사에서 잘 보지 못하거나 보완하는 것을 잊어버리게 되면 그 상품은 그대로 시장에 출하되게 된다. 제조자 입장에서는 단 몇 %에 불과한 불량품이지만 그 상품을 구매한 고객의 입장에서는 100%의 불량품인 것이다.

도요타는 제품을 만드는 이상 불량품이 생기는 것은 어쩔 수 없는 일이라고 생각하지 않는다. 불량품이 나오면 '왜?'를 5번 반복하여 원인을 밝혀내고 두 번 다시 동일한 불량품이 만들어지지 않도록 기계나 작업의 개선을 끊임없이 거듭한다. '불량품은 어쩔 수 없다'가 아니라 '불량률 0%는 가능하다'는 것이 도요타의 철학이다. 99%라도 만족하지 않는 완벽을 위해 노력하는 자세를 갖고 있기 때문이다.

도요타는 남들이 보기에 절대적으로 무리라고 여겨지는 수치의 실현을 추구한다. 오노 다이이치 씨는 기계나 설비의 가동률 100%를 목표로 하고 있었다. '가동률'이란 기계를 움직이는 것이 가능한 비율을 말한다. 아무 생각 없이 기계를 움직이게만 하는 것이라면 100%도 가능한 이야기일지도 모르지만, 실제로는 절차를 바꾸어야 하는 등 많은 시간을 필요로 하기 때문에 현실적으로는 80%라도 좋을 정도이다.

그러나 오노 씨는 모두가 당연하게 여겼던 기계의 절차 변경에 오랜 시간이 소요되는 것을 낭비라고 생각했다. 개선에 개선을 거듭한 결과 모든 기계를 개별적으로 절차 조정도 거의 하지 않아도 될 만큼 개선할 수 있었다. 결과적으로 기계의 가동률은 비약적으로 향상되었다.

대부분의 사람들이 만족하는 99%나 80%라는 숫자에 결코 만족하지 않는다. 끝없이 100%를 추구하는 것이 도요타의 방식이다.

스스로 자신의 한계를 정하지 말라

한편 제품을 생산 위해 5%라는 작은 숫자에서 큰 가능성을 모색하는 일도 있다. 소니 창업자인 이부카 마사루 씨는 ''원료에 대한 제품의 비율이 좋지 않다'라는 말은 적어도 가능성이 있다는 말과 같다. 노력만 있다면 부가가치는 상승할 수 있다'고 말한다.

성장형 접합 트랜지스터의 개발에 착수한 결과 원료에 대한 제품의 비율은 불과 5% 밖에 되지 않았다. 대부분의 사람이라면 상품화는 불가능하다고 생각했을 것이다. 그러나 이부카 씨에게 있어서 5%는 '가능'이라는 의미였다. 원료사용 비율이 높다고 해서 반드시 제품생산이 불가능한 것은 아니다. 제조공정상의 어딘가에 결함이 있기 때문이다. 결함을 제거해 간다면 원료 사용 비율은 줄어들 것이라고 이부카 씨는 생각했다. 그리하여 그의 말대로 1955년 일본 최초로 포켓형 트랜지스터 라디오를 완성시킬 수 있었다. 그러나 이 5%라는 숫자를 앞에 두고 불가능하다고 아예 포기했더라면 오늘의 소니는 없었을 것이라고 생각한다.

출발 숫자만 다를 뿐 오노 다이이치 씨와 이부카 씨는 똑같이 100%를 목표로 하고 있다. 대부분의 사람들은 그 숫자를 달성 불가능한 숫자라고 생각한다. 이거면 충분하다거나 역시 불가능하다란 말로 적당히 타협해 버린다. 그러나 두 사람 모두 100%의 가능성을 믿고 있었다. 끈기를 가지고 달성할 수 없는 이유를 찾아내어 하나씩 제거해 나간 방식도 서로 유사하다.

열심히 했으니까 충분하다는 말로 마음대로 자신의 한계를 정하지 말라. 어차피 불가능할 테니 하지 말자는 생각으로, 마음대로 하고 있는 일을 중단하지 말라.

쿄세라의 명예회장인 이나모리 카즈오 씨는 '연구개발 성공률 100%의 비결은 성공할 때까지 멈추지 않는 것'이라고 말한 바 있다. 일을 하는 데 있어서 때로는 '일단 결정한 일은 성공할 때까지 멈추지 않는다'고 할 정도의 씩씩한 정신을 갖고 있어야 한다.

Think of a way that makes things easy for you.

스스로가 편해질 수 있는 방법을 생각하라

 조금이라도 어려운 상황에 처하게 되면 '이렇게 열심히 노력했지만 더 이상은 불가능한 것 같아' 하고 의기소침해지는 사람들이 있다. 그리고 나서는 그것이 불가능할 수밖에 없는 이유를 찾기 시작한다. 물론 자신이 원하는 목표가 순조롭게 진행되지 않는 데는 여러 가지 이유가 있을 것이다. 그러나 그것을 세고 있어 봤자 자신에게는 아무런 도움이 되지 않는다.

자신의 실패를 받아들이는 사람과 그렇지 않은 사람의 차이

엘리트 코스를 밟아온 사람은 한 번이라도 실패를 하게 되면 크게 좌절하게 되는 경우가 많다. 다른 사람의 입장에서 보면 아무것도 아닌 것일 수도 있지만 좌절을 맛본 적이 없는 사람에게는 자신이 실패했다는 사실 자체가 용납되지 않는 것이다.

어떤 실패를 하더라도 마지막에는 어떻게든 다시 일어서는 씩씩한 사람도 있다. 그 사람의 성격은 어려운 상황에서 어떻게 대처하는가를 통해 알 수 있다.

모든 일에는 좋은 면과 나쁜 면 그리고 장점과 단점이 있다. 좋은 면과 장점만 있다면 아무도 고민 같은 것은 하지 않을 것이다. 문제는 그 비율이 반반이거나 나쁜 면이나 단점이 압도적으로 많을 경우이다.

혼다 슈이치로 씨는 그의 저서 "혼다 슈이치로, 이렇게 하면 인생이 더욱 즐거워진다!"를 통해 '새로운 일을 시작할 때는 불리한 조건만을 보려 하지 말고 유리한 조건만을 나열하여 계산해 보아야 한다'라는 말을 했다. 조금이라도 이득이 된다면 과감히 도전할 것을 권유했다.

야마토 운수의 전 회장 오구라 마사오 씨는 '단점을 검증하여 대책을 생각한 결과 새로운 체제를 정비한다면 결코 대응은 어렵지 않다'고 생각하고 불리한 조건이 많아 모두가 주저했던 개인택배시장에서 택배사업을 성공으로 이끌었다.

이 두 사람은 좋은 점, 좋은 결과에 착안하는 긍정적인 사고방식을 가진 사람들인 동시에 불리한 조건과 단점을 발견했을 때 대응하는 방법을 생각해 낼 수 있는 사람들이기도 하다. 특이한 경영자라고 생각하면 거기서 끝이지만 이러한 긍정적인 사고방식은 성공을 위한 절대조건이라고도 할 수 있다.

어려운 상황에 직면했을 때 나는 열심히 했는데…라며 의기소침해지는 사람은 그나마 희망이 있지만 책임을 다른 사람에게 전가하는 사람에게는 더 이상 희망이 없다. 환경이 나쁘다거나 상사가 이해해 주지 않았다든가 또는 회사에 잘못이 있다는 식으로 이유를 찾기 시작하면 한이 없다. 자신의 침울한 기분은 조금 나아질지도 모르지만 문제는 아무것도 해결되지 않는다.

불만은 방치해 두면 점점 불어난다

주위 환경이 어떻든 스스로 실행하지 않으면 아무것도 변하지 않는다.

일을 하다보면 누구에게나 하기 싫고 힘든 일은 있다. 그것을 그냥 방치해 두면 조만간에 불평불만으로 변해 버린다. 어쩔 수 없다고 체념해 버리면 일 하는 것 자체도 괴로워지게 된다.

싫은 일 괴로운 일을 하고 있다는 생각이 들면 그대로 방치하지 말고 '어떻게 하면 좀더 편해지고 좀더 일이 하기 쉬워질 수 있을까' 라고 생각하는 것이 도요타의 사고방식이다. 사소한 문제도 그대로 두지 않고 깨달은 즉시 실행에 옮긴다. 불평불만 따위나 하고 있을 만큼 한가하지 않다. 내가 먼저 실천하면 나의 주위가 편해지고, 그로 인해 내 주변 환경도 바뀌는 것이다.

어려운 상황에 처했을 때도 이와 마찬가지다. 상사에게 어려운 지시를 받았지만 아무리 생각해도 불가능할 것만 같은 생각이 든다. 또는 해봐도 생각만큼 성과를 얻을 수 없다. 이럴 때 대부분의 사람들은 '나에게는 불가능하다'고 생각해 버린다.

그러나 도요타에서는 이렇게 생각한다. '변명할 시간이 있다면 실행부터 하라.'

또는 '사람은 고생을 해보지 않으면 지혜를 짜낼 수 없다' 라고도 한다.

조금씩 자신을 곤란하게 하는 문제점들을 해결하면서 '왜?' 라는 의문과 대책을 강구하기를 반복한다면 반드시 훌륭한 아이디어가 창출된다.

일을 하고 있을 때는 아무리 해도 떠오르지 않았던 아이디어가 일에서 벗어나 쉬고 있을 때나 친구들과 즐거운 시간을 보내고 있을 때 갑자기 떠오르는 경우도 있다. 사람들은 그것을 가리켜 '순간적인 번뜩임' 이라고도 하지만, 실제로는 끊임없는 문제에 대한 관심과 어떠한 곤란이 있더라도 끝까지 연구하는 자세가 어느 찰나에 결실을 맺는 것인 만큼 그때의 보람은 이루 말할 수 없다.

싫은 일이나 어려운 일을 만나면 '좀더 편해지는 방법은 없는가' 대책을 강구한다. 한계에 부딪히면 왜 한계에 부딪혔는지 어떻게 하면 목표를 달성할 수 있는지를 생각한다. 이러한 도요타식 사고를 습관으로 익힌다면 더 이상 사소한 일로 주눅 들고 좌절하는 일 따위는 사라지게 될 것이다.

회사를 둘러싼 환경은 당연히 어려울 수밖에 없다. 이러한 어려움을 한탄하기 보다 '스스로 생각하고 실행하지 않으면 아무것도 변하지 않는다' 는 사고방식을 갖자.

If you have belief, it will work out.
신념을 가져라!
그리하면 좋은 결과를 얻게 될 것이다

　　메이저리그 진출을 표명한 마츠이 선수를 보면서 시대의 변화를 뼈저리게 느끼게 되었다. 불과 몇 년 전만 해도 일본 선수가 메이저리그에 진출하는 것은 대단히 어려운 일이었다. 당시 메이저리그에 진출한 선수들은 야구계에서 추방당하듯 팀에서 쫓겨나거나 그 기술이 통할 리 없다는 매정한 말들과 냉정한 눈초리가 한꺼번에 쏟아졌었다. 그러나 지금은 모두가 응원해 준다.

쉽게 주변에 좌우되는 사람이 되지 않기 위한 방법

배구에서 일본 국가대표 주장까지 맡은 일이 있는 가토우 요우이치 선수가 일본을 떠나 이탈리아 세리에A로 진출한다는 의사를 표명했다. 축구와 마찬가지로 배구에서도 세리에A는 세계 최고봉의 리그라 불리고 있다. 몇 개의 팀 테스트를 받은 결과 다행스럽게도 모든 곳에서 계약을 제안해 왔다. 그 중 조건이 너무 좋다고는 할 수 없지만 강호라 부를 수 있을 만한 팀을 선택했다. 실력이 있기 때문에 가능한 일이었다.

그러나 그것부터가 문제였다.

일본 배구협회에는 다양한 규칙이 있다. 소속하고 있는 팀과의 계약도 그 중 하나다. 가토우 선수가 아무리 이탈리아에 진출하고 싶어 해도 협회가 승낙하지 않으면 불가능한 일이다. 뛰어넘지 않으면 안 되는 걸림돌도 있었고, 협회 사람들에게도 안 좋은 소리도 많이 들었다고 한다. 보통선수라면 벌써 좌절하거나 포기했을 지도 모른다. 실패했을 경우의 위험부담을 생각하여 무난한 길을 선택하는 사람도 있을 것이다. 그러나 가토우 선수는 결코 포기하지 않고 자신의 꿈을 실현시켰다. 2002년 가을 화려한 데뷔를 장식했다.

가토우 선수는 어느 인터뷰에서 그때를 회고하며 이렇게

말했다.

'이탈리아에 진출하기 전 많은 난관이 있었지만 도중에 좌절하고 싶지도 포기하고 싶지도 않다는 생각이 들었습니다. 신념이 있다면 언젠가 반드시 좋은 결과를 얻을 수 있다고 믿습니다'

앞으로의 일은 알 수 없지만 침체하고 있는 일본 배구계에 있어서 세계의 최고봉에 과감히 도전하려 하는 가토우 선수의 강한 투지와 경험은 분명 가치 있는 것이다.

프로스포츠 뿐 아니라 세계로 진출하기 위해서는 대단한 용기가 필요하다. 자동차업계에서도 과거에 혼다가 오토바이 아이슬오브맨(Isle of Man) 레이스나 F1에 도전했을 때도 모두가 무모한 도전이라며 만류했다.

실패하면 '모두들 그럴 줄 알았어' 라는 반응을 보이지만 대성공을 거두면 주위의 평가는 순식간에 바뀐다. 이렇듯 쉽게 바뀌는 주위의 목소리에 좌우되는 것은 어리석은 일이다. 그러나 또한 쉽게 휩쓸려 버리는 것이 바로 인간이란 존재다.

그러한 목소리에 절대 휩쓸리지 않기 위해서는 강한 신념이 필요하다.

변명이 모든 것을 해결해 주지는 않는다

과거의 도요타의 이미지는 그리 좋지 못했다.

도요타 생산방식 또한 지금은 높은 평가를 받고 있지만 한동안은 인간의 손과 발의 움직임까지 철저하게 연구한 지나치게 엄격한 방식으로 여겨졌었다. 도요타 생산방식의 대명사가 된 '간판방식'은 하청업체들을 곤혹스럽게 하기 위한 전형인 것처럼 오해를 받은 시기도 있었다. 회사 자체도 나고야의 인색한 시골회사로밖에 인식되지 않았던 일도 있었다.

이러한 주위의 목소리에 대해 도요타는 특별히 변명은 하지 않았다. 과거에 필자는 경영자 중 한사람에게 그 이유에 대해 물어보았다. 그 경영자는 이렇게 대답했다.

'해야 할 일을 조용히 하다보면 결과는 반드시 따라 옵니다. 특별히 변명을 해야 할 필요가 없지 않을까요?'

이런 그의 대답에 '신념을 가지고 자신이 옳다고 믿는 일을 조용히 하다보면 반드시 결과는 따라 온다'는 것에 평범하지 않은 자신감을 느끼고, '정말 도요타답다'고 통감할 뿐이었다. 확실히 도요타는 그런 면을 갖고 있다.

과거에 도요타 자동차공업과 도요타 자동차판매가 합병되었을 때의 일이다.

합병 발표와 함께 언론에 여러 가지 기사가 실리게 되어 사원들도 상당한 동요와 불안감을 느끼고 있었다고 한다. 도요타 에이지 씨는 그의 저서 "결단"을 통해 당시의 일에 대해 이렇게 말하고 있다.

'당사자들이 무엇인가 좋지 않은 일을 하고 있다고 생각한다면 사원들에게 합병의 원인을 알려 주는 일이 힘들어지지만 당사자들이 신념을 갖고 있다면 그렇지 않다. "주간지에 적힌 것과는 다르다"는 것을 구체적인 형태로 보여 주면 사원들은 이해해줄 것이라고 생각했기 때문이다.'

최근 도요타는 외부에 많은 정보를 공개하고 있지만 바람직하거나 좋다고 생각한 일에 대해서는 외부의 평가에 상관하지 않고 묵묵히 계속하는 풍토가 있다. 그렇지 않으면 도요타 생산방식과 같은 '탈(脫)상식'적인 제품생산은 지속되기 어렵다.

일을 하고 있으면 아무래도 다른 사람의 시선에 신경이 쓰이게 된다. 본의 아니게 다른 사람의 의견에 의해 좌지우지될 가능성도 많다. 가장 중요한 것은 '자신이 지금 하고 있는 일에 얼마나 신념을 가지고 임하고 있는가' 일 것이다.

자신이 옳다고 생각한 것을 올바른 방식으로 해 나간다면 반드시 좋은 결과를 얻을 수 있다. 필자는 이것을 변함없는 사실이라고 생각한다.

사장이 나설 차례

　회사 개혁, 의식 개혁을 하자고 주장하는 경영자들은 많다. 그렇다고 구체적으로 어떻게 하면 되는지를 물어보면 모두가 묵묵부답이다. '그것을 생각하는 것은 직원들의 역할이다'라고 생각하는 사람들이 대부분이다.
　이래서는 사람도 기업도 결코 바뀌지 않는다.
　필자의 아버지가 도요타 키이치로 씨에게 받은 지시서를 본 적이 있다. '무엇을 해야 하는가'에 대해 정말 자세하게 적혀져 있었다. 물론 구체적인 방식은 부하 직원이 생각하게 하겠지만 경영자가 생각하는 방향을 명확히 제시하고 있었다. 그리하면 회사의 방침 자체가 흔들리는 일은 없을 것이다.
　사람이나 회사를 개혁하려고 할 때 모든 것을 부하 직원에게 맡겨서는 아무 발전이 없다. '정리·정돈'을 예로 들어 생각해 보자. 일반적으로 회사의 설비나 기계, 각종 비품들 중 불필요하다고 생각되는 것에 빨간 표시를 하여

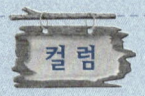

어떤 식으로든 처분하는 것을 시작으로 한다. 누가 봐도 불필요한 물건인 것을 알 수 있게 되면 아무도 헷갈리지 않는다. 문제는 버리고 싶지만 결단을 내리지 못하는 물건들이 있다는 것이다.

어느 회사에서 사내 정리·정돈을 지시한 결과 다량의 자재나 기계가 거의 사용되고 있지 않다는 것을 알 수 있었다. 그러나 몇 백만 엔, 몇 천만 엔이나 주고 구입한 제품은 아무리 현재 사용하고 있지 않더라도 일개 직원입장에서는 '버리자'고 선뜻 말할 수는 없다. 이러한 결단은 경영자밖에 할 수 없는 일이다.

'사원에게 결정을 맡기는 일은 좀 너무하다는 생각이 듭니다. 불필요하다는 것을 알고 있지만 "언젠가 사용할 날이 온다"거나 "수천 만 엔이나 하는 물건을 버릴 수 없다"는 반대 의견을 일축하는 것은 역시 불가능합니다. 그것이 무엇인가에 따라서는 경영자밖에 할 수 없는 정리·정돈도 있습니다.'

이 회사는 경영자가 결정은 내림으로서 정리·정돈이

Column

　순조롭게 진행되었지만 대부분의 경영자들은 '굳이 경영자가 간섭하지 않아도 정리·정돈 같은 것은 알아서 하겠지'라고 생각해 버린다. 이같은 경영자들은 어떠한 문제에 대해서도 '내가 굳이 나서지 않아도 된다. 부하에게 맡기고 있으니까'라고 모든 일을 지나쳐 버린다.
　이런 방식으로는 모든 일을 미온적으로 처리하기 쉽다.
　회사 운영에는 이익을 희생해서라도 서비스를 우선시해야 할 경우가 있다. 이러한 경우에도 일개 사원이 '이익을 희생해서라도'란 말은 하기 어렵다. 이같은 일들도 경영자가 나서야 할 차례인 것이다. 회사가 바뀌기 위해서는 사원이 변해야만 한다. 그러나 그를 위해서는 경영자 자신부터 변해야 한다는 의욕과 행동이 반드시 필요하다.

Point

'반복'의 힘을 믿어라

1. 불가능하다는 변명보다는 어떻게 하면 할 수 있는지를 생각하라.

2. 불량품을 만든 것은 일한 것이 아니다는 인식을 가져라.

3. 열심히 했으니까 충분하다는 말로 자신의 한계를 정하지 말라.

4. 스스로 생각하고 실행하지 않으면 아무것도 변하지 않는다는 사고방식을 가져라.

5. 주변의 소리에 휩쓸리지 않는 강한 신념을 가져라.

6. 해야 할 일을 하다보면 결과는 반드시 따라온다. 그러므로 불필요한 변명을 하지 말라.

7. 경영자의 판단이 요구되는 일은 확실히 지시하라.

제**6**장

작은 목표 달성들을 중시하라

If you think it's good, stay on with it.

좋다고 생각하면 멈추지 말라

무엇인가 새로운 것을 시작하려 할 때에는 세 가지의 용기가 필요하다. 시작하는 용기, 그만두는 용기, 참는 용기가 바로 그것이다. 실패할 것이 분명한데도 불구하고 체면에 집착하여 그만두는 용기를 갖지 못하는 사람이 있는가 하면, 아예 처음부터 아무 것도 시작하지 않는 사람도 있다.

인내력이 생산력을 키운다

생산 개혁을 시작하기에 앞서 필자는 늘 기업에 한 가지를 부탁한다.

"아무튼 일년간은 계속해 주십시오. 불평은 그 다음에 듣겠습니다."

도요타식 생산방식에 국한된 얘기는 아니지만 새로운 것을 도입하면 즉시 효과가 나올 것이라 착각하고 있는 사람들이 있다.

분명히 낭비가 심한 사람이나 기업이라면 낭비를 제거하고 정리·정돈을 하는 것만으로도 즉시 상당한 효과를 얻을 수 있다. 수치적인 V자 회복도 꿈이 아니다. 그러나 그것은 언제까지나 순간적인 것으로, 표면적인 낭비 제거가 끝나면 원상태로 돌아갈 우려가 있다.

생산 개혁을 계속하다보면 수많은 혼란이 발생하게 된다. 그러한 혼란에 염증을 느껴 원상태로 돌리는 편이 낫다는 의견도 강해진다. '이대로 계속해도 될 것인가' 하는 약한 마음이 생겨 버린다.

필자는 그럴 때마다 '일년만 계속해 보십시오'라고 부탁을 한다.

일년 동안 계속하다보면 반드시 효과는 나타난다. 만약

개선사항이 일상생활로 자리를 잡을 때까지 노력을 계속한 사람이나 기업은 진정한 경쟁력을 손에 얻을 수 있다. 이 계속하는 힘, 참는 힘이 모든 것을 성공시키는 데 있어서 가장 중요한 것이다.

새로운 것을 시작하는 데는 많은 용기가 필요하다.

그러나 아사히 맥주의 전 회장 히구치 코우타로 씨의 저서 '전례가 없다! 그렇기 때문에 도전한다'에 따르면 이런 말이 있다.

'새로운 것을 시작할 수 있는 용기는 그만둘 수 있는 용기에 비해 그다지 큰 것은 아닙니다. 오히려 하던 것을 멈추는 용기가 더욱 에너지를 필요로 하는 것이죠.'

슈퍼드라이(제품명)을 대 히트시킨 도전자의 이미지가 강하지만 히구치 씨에게는 사업의 철수나 상품판매 중지를 지시할 때에는 체면을 생각하지 않고 결코 흔들리지 않는 리더십을 발휘하는 것이 더 중요하다고 말하고 있다.

실패할 것이 분명해도 체면을 중시하거나 책임을 지는 것을 피하기 위해 그냥 무의미하게 진행을 계속하는 경우가 있다. 새로운 것에 도전할 때에는, 성공이 내 것이 아니라고 판단이 되면 그만두는 용기도 같이 갖고 있어야 할 필요가 있다.

조금씩 조정하면서 참을성을 갖는 것이 비결이다

그만두는 용기의 중요성을 강조했던 히구치 씨가 그보다 더욱 중요하다고 주장하는 것이 있다. 바로 인내심이다.

'힘들게 개발한 신상품이 팔리지 않을 때나 새로운 사업에 착수했으나 좀처럼 실적이 오르지 않을 때, 참을성이 없는 사람은 경영자 자격이 없다'고 그는 말한다. 확실히 즉시 결과가 나오지 않는다며 금방 그만두는 조급한 사람들이 있다. 물론 실패할 것을 알아도 참으라는 말은 아니다. 성공인가 실패인가를 확실히 파악하는 것이 중요하다는 것이다. 미온적인 상태로는 성과를 얻을 수 없다.

도요타 방식의 특징 중 하나는 지속시키는 힘, 참는 힘이다.

도요타 그룹은 도요타식 생산방식을 50년 이상 걸쳐 계속해 왔다. 그럼에도 불구하고 아직 발전하고 있는 과정에 있다고 말한다. 마찬가지로 도요타식 생산방식을 도입한 기업 경영자도 지금도 발전 과정에 있다고 입버릇처럼 말한다. 이는 결코 겸손해 하는 것이 아니라 마음속으로부터 그렇게 생각하고 있는 것이다.

어떤 사람이 도요타 에이지 씨에 대해 '자신이 좋다고 생각하면 그것을 계속하고 좀처럼 후퇴하지 않는다. 물론 틀렸다고 생각하면 놀랄 만큼 신속하게 철수한다'고 말했다.

실제로 외국기업의 시스템을 도입한 후 그 회사가 그 시스템을 그만두었다 하더라도 도요타에서는 계속하고 있는 것도 많이 있다.

지속시키는 힘은 고수한다는 것과 다르다. '계속하라' 혹은 '참아라'라고 말하면 정해진 일을 완고하게 지키라는 의미로 잘못 받아들이는 사람들이 있다. 아무리 좋은 것이라도 시대에 맞춰 조금씩 조정은 해야 할 필요가 있다. 조금씩 바꾸지 않으면 좋은 것도 점점 시대착오적인 것으로 변해 버리기 때문이다. 도요타는 나날이 개선을 거듭하고 있기 때문에 지금도 최강의 제조방식을 갖고 있는 것이다.

자신이 좋다고 생각한 것을 계속할 수 있는 참을성과 조금씩 바꿔 나가는 노력이 그 비결일 것이다.

Goals are there to be reached. Make a habit of this.

목표 달성을 습관으로 만들어라

'최근의 젊은 건축가들 중에는 CAD를 사용하여 훌륭한 도면을 만들지만 그 뒤에 진짜 건축에는 관심을 갖지 않는 사람들이 있습니다.' 이 말은 어느 건축가의 한탄이다.

건물은 실제로 건축하고 살아보지 않으면 평가를 내릴 수 없다. 청사진만으로 만족해서는 안 된다는 것이다.

청사진만으로 만족하지 말라

최근 'OO프로그램'이라든가 'OO공정표'란 말을 자주 들을 수 있다. 하루가 멀다하고 테마별로 수많은 자료가 쏟아져 나온다. 계속하여 새로운 것을 추진하고 있는 듯이 보인다. 적어도 회의를 거듭하고 밤을 세며 자료를 만드는 사람만큼은 큰 작업을 했다는 기분이 들 것이다.

그러나 냉정하게 그 후 그것이 어떻게 되고 있는지를 생각해 보라. 실제로 공정표대로 모든 것이 진행되는 것인가? 훌륭한 공정표는 있지만 진행된 것이 아무것도 없다면 시간과 노력을 들여 자료를 만든 것 자체가 무의미해져 버린다. 이런 식으로 또 새로운 자료가 나오고, 결국 아무도 그것을 기억해 주지 않고, 사람들의 기억에서 잊혀져 간다.

물론 여러 가지 테마에 대하여 회의를 하고 기획안을 정리하는 작업은 중요하다. 무언가를 시작하기에 앞서 충분한 검토와 방향성을 인식하는 것은 필수적이다. 이 단계를 빠뜨리면 실제 작업을 개시한 뒤에도, 이것을 잊었다 저것을 잊었다는 등 당황하게 되고 이러한 일로 인한 트러블 처리에도 쓸데없는 시간을 소비하게 된다.

문제는 회의와 결과 정리만으로 만족해 버리는 사람들이다. 이들은 연구한 성과를 실천에 옮기는 것에는 관심을 갖지 않는다. 열심히 공정표를 만들기는 하지만 진척 상황을 확인하거나 꼭 달성해야겠다는 의욕도 없다. 자료를 작성하는 것만이 일하는 것이라는 사고방식을 갖고 있는 것이다.

이런 상태로는 여름방학계획서를 만들기는 했지만 방학 내내 실천하지 않다가 결국 숙제만 밀려 당황하는 것과 다를 게 없다. 계획표를 작성하고 벽에 붙이는 것으로 마치 모든 일이 끝난 것처럼 만족해 하는 것과 같다.

'시간이 걸리기 때문에 그만두는' 게 아니라 '일부러 시간을 들여서 달성한다' 는 사고방식을 가져라

계획은 어떤 목표를 달성하기 위해 존재한다. 목표 달성과 상관없이 단지 계획만을 위한 계획은 아무 도움이 되지 않으며, 진정한 의미의 '일'을 하는 것도 아니다.

도요타가 말하는 목표 관리는 목표를 달성하는 데 있다.

목표에는 두 가지가 있다. 어떤 목표 수치를 달성하는 것, 다른 하나는 목표를 달성하는 기간이다.

예를 들어 기계조작 순서를 변경하는데 지금까지는 한 시간이 소요되었다고 하자. 그것을 3분으로 줄이라는 지시를 받았다. 이 지시를 실행에 옮기는 데 걸리는 시간은 개인에 따라 차이가 있을 수 있다. 중요한 것은 얼마나 시간이 걸리느냐가 아니라 '3분'이라는 목표를 달성할 수 있느냐의 문제이다.

목표를 설정한 이상 청사진만 가지고 만족하지 않는다. 그리고 일단 목표를 설정하면 완수한다는 것이 도요타의 철학이다.

그러나 한편으로 목표 달성에 필요한 시간에는 개인차가 있다는 사실을 인식하고 있다.

목표 달성에 걸리는 시간이 적은지 많은지는 사람에 따라 다르다. 그대신 느린 사람도 노력 여하에 따라 시간을 단축시킬 수 있다고 생각하고 있다.

도요타식 생산방식을 도입하고 있는 기업들은 '일람표'를 공장 안에 붙여 놓는다. 각각의 생산라인에서 작업을 하고 있는 사람들에게 필요한 능력이나 기술을 기록한 일람표이다. 개개인이 어떤 능력과 기술을 가져야 하며, 그 수준은 어느 정도가 되어야 하는지를 한눈에 알 수 있도록 표기한 것이다. 개인에 따라 상당한 차이가 있다. 언제까지 어느 수준에 도달하라는 말은 하지 않는다. 시간적인 차이는 있어도 필요한 수준까지 확실하게 도달하기만 하면 된다.

회계처리 관계 일람표

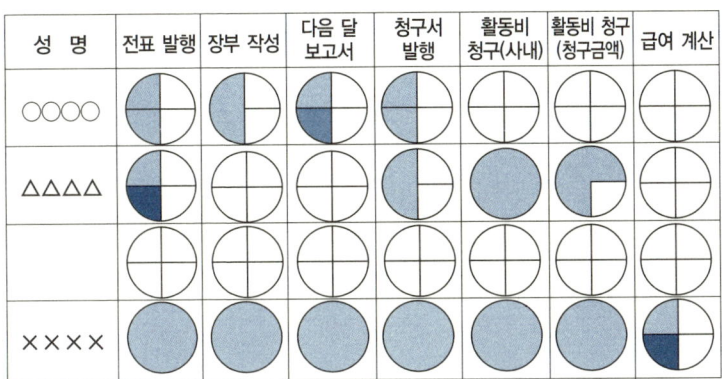

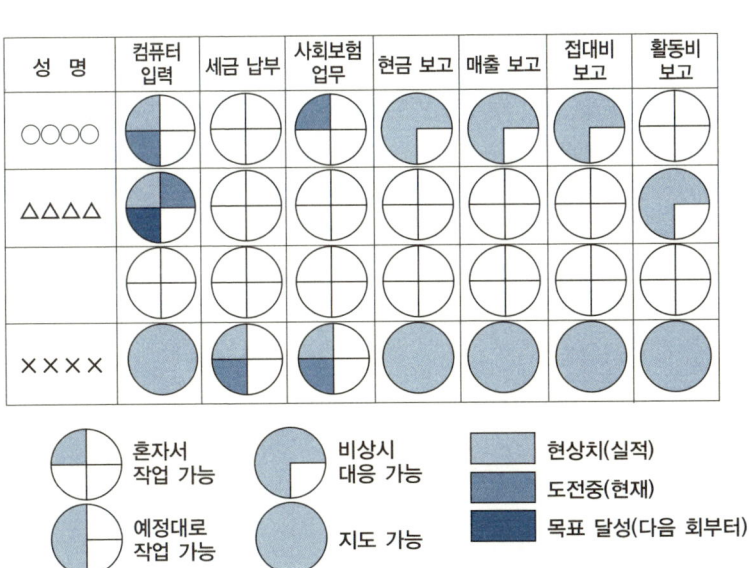

* 1회/2개월마다 확인(6회/년)한다

한 사람, 한 사람의 '솜씨가 좋다… 나쁘다', '빠르다… 느리다', '힘이 있다 없다'와 같은 항목을 주관적으로 평가하기보다는 전원의 목표나 수준을 한눈에 알 수 있는 '일람표'가 훨씬 가치 있다는 것이다. 목표를 설정하고 꾸준히 진척 상황을 확인하면서 한 사람씩 능력과 기술을 익혀 어느 수준에 도달한다, 이것이 바로 목표 달성의 방식이다.

달성할 수 없는 계획을 열심히 만들기만 하는 것으로 만족하는 수준이라면 그것만큼 발전이 없는 일은 없을 것이다.

계획은 달성을 통해 의미를 갖는다

도면을 작성하거나 계획을 세우는 일 등은 머릿속으로도 가능한 작업이다. 그러나 실제로 건물을 세우거나 계획을 실천으로 옮기려 하면 많은 문제가 발생하기 시작한다. 경우에 따라서는 큰 난관에 부딪히기도 한다.

최근에는 이러한 복잡한 것이 싫어서 자신은 계획만 세우고 나머지 일은 모두 다른 사람에게 맡겨 버리는 사람들도 많다.

본인은 계획을 세우는 것을 통해 일을 했다고 생각할지 모르지만 자고로 계획이란 실천되어야만 비로소 의미를 갖게 되는 것이다. 여러 가지 난관에 부딪히고 그것을 극복하여 목표에 도달하는 것이야말로 '일'을 한 것이라고 말할 자격이 있다.

목표를 설정한 이상 무슨 일이 있더라도 완수하는 습관을 들여야만 목표를 현실로 만들 수 있다.

시간은 조금 걸릴지도 모르지만 이러한 경험이 조금씩 시간을 단축시킨다.

Don't let uncertainty linger.
모르면 끝까지 파헤쳐라

    도요타 에이지 씨가 한 직원에게 질문을 했다. 그러나 그는 그 방면의 전문가가 아니었기 때문에 '전문가를 부를까요?'라고 대답했다고 한다. 그러자 도요타 에이지 씨는 '괜찮습니다. 직접 물어 보겠습니다'라고 말했다. 그대로 그 일을 잊고 있었던 그 직원은 어느 날 도요타 에이지 씨로부터 한 통의 편지를 받았다.

무지함보다 무관심이 더 나쁘다

거래처 직원과 면담을 하다보면 가끔 상대방이 모르는 것을 질문해 오는 일이 있다. 이때 가장 바람직하지 못한 것은 알고 있는 척하는 것이다. 잘 모르겠다고 말하면 될 것을 그 자리를 모면하기 위해 적당히 둘러대면 오히려 나중에 트러블에 휘말릴 수도 있다.

차라리 '모른다'고 확실히 말하는 편이 훨씬 낫다.

그러나 문제는 그 다음부터이다. 모르는 것을 모르는 상태로 지나쳐 버리는 사람이 있는가 하면 회사에 돌아와서 알아본 뒤 다음에 다시 설명하러 가는 사람도 있다. 두말할 것도 없이 후자 쪽이 더욱 신뢰를 받는다.

관심이 없거나 귀찮은 안건 또는 번거로운 일은 그냥 방치하게 되는 일이 많다. 내버려두는 사이 지시한 사람이 그것을 잊어주기를 기대한다. 물론 기대한 대로 까맣게 잊어주는 상사도 있지만 느닷없이 그 안건은 어떻게 됐느냐고 묻는 상사도 있다. 그러나 정작 실행에 옮기지 않은 부하 직원은 '지금 하고 있다'는 말로 또다시 적당히 둘러댄다. 이러길 반복하는 사이 어느새 시간이 흘러간다.

새로운 것을 시작할 때 프로젝트팀을 조직하는 일도 흔히 있는 일이다. 멤버를 선임하고 계획을 세워 화려하게 출발

테이프를 끊는다. 그러나 어느새 처음 시작할 때의 의욕을 상실하고 그 프로젝트가 있었다는 사실조차 점점 잊어간다.

그러한 사람이나 회사의 특징은 무엇인가를 새로 시작하는 것에는 열심이지만 그 후의 지원을 제대로 하지 않는다는 것이다. '담당자들에게 맡겨 두었다'는 말은 듣기는 좋지만 결국 책임을 회피하고 있다는 말과 같다. '그 일은 어떻게 진행되고 있는가?' "네, 지금 진행중입니다"를 반복하고 있는 사이 서로의 머릿속에서는 무엇을 하려 했는지조차 점점 잊혀져 가는 것이 다반사이다.

개선에 종착역이란 없다

히노 사토시 씨가 "도요타 경영 시스템 연구"라는 저서에서 '도요타의 직원들과 만나보면 그들의 지원방식에 놀랄 때가 있다'는 이야기를 소개하고 있다.

번거로운 안건에 대해 상사가 먼저 진행 상황을 물어본다. 부하 직원이 '그 건은 너무 번거롭고 실행 불가능하기 때문에 철회하고 싶다'는 식으로 설명하면 상사는 이것을 확인해 준다. 도요타에서는 모든 일을 애매한 상태로 내버려두지 않고 끝까지 지켜봐 준다는 의미이다.

도요타에서는 정기적인 연수와 세미나를 통해 개선 활동의 확인을 거르지 않는다. 세미나는 반드시 사장을 비롯한 임원들도 참석하여 회사의 개선 활동이 어떻게 진행되고 있는지를 충분히 분석한다. 그 후 무엇이 문제인지 그것을 어떻게 해결하면 되는지를 검토하여 다음 단계로 넘어간다.

개선추진위원회가 해산된 뒤에도 어느 정도 성과를 올리고 문제점을 보완하는 일이 계속된다. 몇 년에 한 번 연수나 세미나를 실시하여 개선상황을 검토하고 보완해 간다. 개선에 종착역은 없다고 생각하기 때문이다.

새로운 프로젝트를 시작하면서 그것을 위한 지원을 게을리 하는 사람이나 회사는 모든 것을 마지막까지 지켜 보려는 자세를 갖추고 있지 않는 데다가 모든 일을 애매한 채로 방치하는 경향이 있다. 그렇기 때문에 프로젝트팀이 해산된 후에는 그때까지 열심히 추진해온 개혁이 다시 원점으로 돌아가 버리는 것이다.

앞에 등장한 도요타 에이지 씨의 이야기로 돌아가 보자. 도요타 에이지 씨로부터 어떤 질문을 받았던 직원이 그에게 받은 편지에는 도요타 에이지 씨가 물어 봤던 질문에 대한 답이 쓰여 있었다고 한다. "당신도 아직 알아보지 않았을 테니 그에 대한 답을 써서 보냅니다"는 말과 함께... 부하를 위한 도요타 에이지 씨의 배려심도 높이 사지만, 모르는 것이 있으면 스스로 배우려 하는 자세는 대단히 훌륭한 것이라 생각했다. 도요타의 '배움을 중시하는 기업 풍토'와 개선 활동을 마지막까지 지원하는 습관은 여러 가지 형태로서 부하 직원에게 전해지고 있다.

　모든 일은 모르는 채로 불확실한 상태로 내버려두면 결코 발전되지 않는다. 지원을 습관으로 만들 필요가 있다.

Tackle something a little hard.
어려운 과제에 도전하라

도요타 방식을 실천하고 있는 어느 공장에서 저비용 제조가 가능한 생산라인을 현장사람들만의 기술로 완성시키는 쾌거를 이루었다. 그 라인을 보러 온 경영자가 벽에 붙인 숫자를 보고 저것이 무슨 뜻인지를 물었다. 그러자 한 직원이 '경쟁업체의 원가보다 20% 낮은 원가 절감을 목표로 하자는 뜻입니다.'라고 말하자 경영자의 대답은 이랬다. '20% 정도는 순식간에 따라잡힌다. 목표치를 더 높게 책정하라.'

어려운 목표라도 꾸준한 노력을 통해 조금씩 달성하라

경영자의 말에 모두들 놀랄 수밖에 없었다.

경쟁업체의 원가는 세계 어느 업체와도 비교할 수 없는 최저가였다. 그보다 20%를 더 줄인다는 것은 경쟁업체가 금방 추격할 수 있는 수준이 아니다. 그것을 달성하는 것만으로도 굉장한 일임에 분명한 데도 경영자는 '더욱 낮춰라'고 말하는 것이다.

도요타식 인재 육성법의 한 가지는 '조금 어려운 과제에 도전하게 하라'는 것이다.

외국업체의 성과주의를 도입한 기업이 오히려 그 폐해를 겪었다는 얘기는 앞에서 소개한 바 있다.

목표 달성률만을 평가의 대상으로 삼게 되면 달성하기 쉬운 목표만을 설정하여 장기적인 목표를 위한 도전이나 의욕을 오히려 상실하게 된다. 그래서 진보도 성장도 기대할 수 없다는 것이다.

오노 다이이치 씨의 지휘아래 육성된 어느 도요타 직원은 항상 조금 어려운 과제를 오노 씨로부터 지시 받았다고 한다.

오노 씨는 균형을 잘 맞추는 것이 중요하다 생각하여 해결하기 너무 어려운 과제는 제시하지 않는다. 너무 난해하여 직원들이 처음부터 포기해 버리거나 달성하지 못했다는 좌절감을 맛보게 되면 도전 의욕조차 상실해 버리기 때문이다.

자신의 능력보다 아주 조금 어려운 과제라면 직원들은 더욱 분발할 수 있으며 노력을 통한 달성으로 자신감과 성취감을 키워나갈 수 있다. 그리하여 조금씩 조금 더 어려운 과제에 도전해 간다.

이러한 과정을 통해 인간은 더욱 크게 성장해 간다.

더욱 높은 목표를 설정하라고 했던 경영자도 원가를 절감하라고는 했지만 '언제까지 몇 % 더 낮출 수 있도록 하라'는 구체적인 지시는 내리지 않았다.

중요한 것은 원가 20% 절감에 만족하지 않고 더욱 높은 곳을 지향하는 자세라고 생각했기 때문이다.

도요타식 개선은 낭비를 하나씩 제거하는 꾸준한 작업을 거듭하는 것이다. 대규모의 기술 혁신이나 생산 개혁을 시도하는 것보다 작은 개선 활동의 연속이 이윽고 대규모의 개혁으로 연결된다고 생각한다.

과거에 오노 씨는 '도요타식 생산방식은 모두가 거북이처럼 실행할 때 실현될 수 있다'란 말을 했다. 순간적인 스피드를 가졌지만 때로 낮잠을 자버리는 토끼보다 느리기는 하지만 쉬지 않고 열심히 전진하는 거북이가 더욱 이상적이라는 것이 도요타의 사고방식이다.

높은 목표를 설정하고 꾸준하게 실천한다. 조금씩 어려운 과제에 도전하며 자신을 발전시켜 나가자는 것이 바로 도요타의 철학이다.

자신감을 축적하라

공장을 자동화(도요타가 말하는 자동화란 기계와 인간의 지혜가 조화되었다는 의미이다)하기 위해서는 24가지의 단계를 거쳐 진행시켜야 한다.

우선 안전을 확보한다. 두 번째로 시중에서 판매하는 공구를 가공하여 그 일에 맞게 사용하기 쉬운 도구로 바꾼다.

기업 중에는 이러한 과정을 무시하고 바로 공장을 자동화시키자고 제안하는 기업들도 있다. 물론 그것은 가능한 일이다. 그러나 이 두 가지 단계를 무시하고 공장을 자동화하게 되면 공장에서 일하는 직원들이 지혜를 모으기 어려워진다. 새로운 자동화라인을 앞에 두고 오늘부터 여기서 일을 하라고 명령하는 것과 다를 바가 없다.

일을 할 때는 '왜 이렇게 해야 할까', '이것은 무엇 때문에 하는 것일까?'란 의문을 가져야 한다. 그것을 가르치지 않고 '지시한 대로 행동하라'는 방식을 통해서는 직원들도 보람을 느낄 수 없게 된다.

확실히 이 '24단계'를 한 단계씩 실행에 옮기기란 번거롭기도 하고 시간도 많이 걸린다. 그러나 각각의 단계에서 발생한 문제를 해결하고 개선을 거듭함으로서 보다 나은 일의 방식을 찾아갈 수 있다. 개선하기 위해 지혜를 짜낸다. 직원들 스스로가 새로운 방식이 필요한 이유를 이해하고 일을 한다면 더욱 능률을 향상시킬 수 있다.

물론 누군가가 만들어 준 새로운 생산라인은 순간적으로 일의 속도를 높일 수는 있을 지도 모른다. 그러나 그것은 누군가에게 지시 받은 일이자 누군가가 가져다준 것에 불과하다. 이와는 반대로 조금 시간은 걸리지만 자신들의 손으로 직접 주어진 문제점을 해결하며 완성시킨 생산라인은 진정한 의미의 내 것이 될 수 있다.

무엇인가를 시작하고 싶다면 안이한 목표 설정은 금물이다. 목표는 어디까지나 높이 설정해야 한다.

그리고 천천히 그렇지만 꾸준히 노력한다. 자신의 능력보다 조금 어렵다고 생각되는 과제에 도전하고 철저하게 그것을 달성하는 과정을 반복하다보면 자신감을 얻게 되고, 마지막에는 큰 성과를 거둘 수 있게 될 것이다.

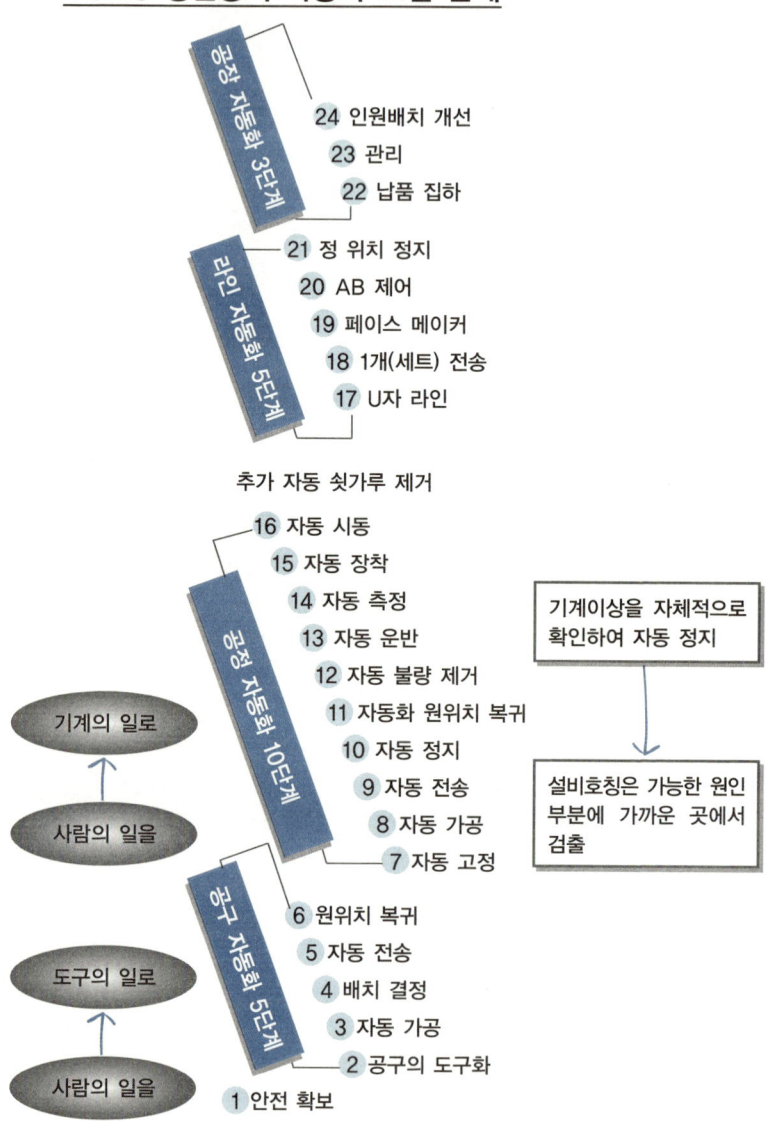

When you think 'this is good', that's the end of it.
이대로 만족하면 더 이상 발전은 없다

한 도요타 직원이 오노 다이이치 씨의 지휘아래 개선 활동을 추진해 가고 있을 때의 일이다. 오노 씨의 지시대로 작업개선을 통해 좋은 결과를 얻을 수 있었던 직원은 오노 씨에게 보고서를 제출했다. 그러나 오노 씨는 직원을 칭찬하기보다 '성공했다면 왜 다른 곳에 알려주지 않았는가?'라고 말했다.

과거의 성공에 얽매이지 말라

어느 릴레이 경기 감독이 이런 말을 했다.

감독으로 취임한 첫 해에는 맹연습을 통해 예기치 않은 전국대회 우승을 따낼 수 있었다. 우승 후 명감독이라는 칭호를 얻게 된 감독은 2연패를 목표로 선수들에게 엄격하게 연습을 시켰다. 그러나 다음 해에는 예선도 통과하지 못했다. 연습량이 부족한 탓이라 생각한 감독은 더욱 연습량을 늘렸지만 결과는 좋지 못했다. 오히려 과다한 연습으로 인해 체력을 소모시킨 선수들이 하나 둘 나오는 등의 문제가 발생하여 감독은 지난 과정을 뒤돌아보았다.

부임한 첫 해에 전국대회에서 한 후 자신의 방식에 너무 많은 자신감을 갖게 되었던 자신의 모습이 보이기 시작했다. 다른 팀들의 트레이닝 방식이 바뀐 것은 물론, 무엇보다 선수들의 사고방식이 크게 바뀐 것을 알아채지 못하고 옛날 방식을 고수해온 자신의 모습이 보였다.

이후 이 감독은 트레이닝 방법을 점차 바꿔 갔다. 그 중에서도 가장 효과적이었던 것은 선수 자신에게 무엇을 해야 하는가를 생각하게 하는 것이었다.

선수와의 커뮤니케이션을 중요시하면서 연습을 계속해 간 결과 확실히 선수들의 실력이 향상되고 몇 년 전의 우승의 영광을 다시 되찾을 수 있었다.

이와 같이 과거에 몇 번이나 우승 경험을 가진 강호팀이 급속히 쇠약해지는 것은 흔히 있는 일이다. 황금기를 뒷받침했던 선수들이 나이를 먹기 때문이기도 하겠지만 성공체험에 너무 얽매인 나머지 새로운 전술에 대한 대응이 늦어지는 것도 그 원인이다.

사람이나 기업도 마찬가지이다.

대기업이 파산하거나 능력 있는 사람이 위험에 직면하는 것도 흔히 있는 일이다. 기업의 경우 자산이나 인재가 풍부해도 시대의 변화에 제대로 대응하지 못하면 급속히 쇠퇴해 버린다. 명문이기 때문에 변화에 대한 대응을 게을리하는 면도 없지 않다고는 말할 수 없다.

성공체험은 소중하지만 그것에 너무 얽매여서는 안 된다는 것이다. 변화를 두려워하거나 거부하기 시작하는 것은 후퇴의 시작이다.

변함없는 것이 좋은 것만은 아니다

오노 다이이치 씨의 지휘아래 개선 활동을 추진했던 한 도요타 직원의 이야기를 앞에서 소개했다.

오노가 지시하는 대로 개선을 하면 '왜 시키는 대로만 했는가'는 질책을 받는다. 스스로 지혜를 짜내어 개선을 하고, 그것을 보고하면 잘 되어가고 있느냐는 질문을 받는다. 결과를 확인하는 것을 게을리하면 '왜 자신의 눈으로 확인하지 않느냐'라고 혼이 난다. 다시 현장으로 가서 하루 동안 가동상태를 점검하고 문제점을 개선하여 '이것으로 됐다'고 확신한 뒤 잘 가동되고 있다고 보고를 하면, 오노 씨는 '성공했다면 왜 다른 라인에 전수하지 않느냐'고 다시 또 질책을 한다. 이렇듯 오노 씨는 한 번도 칭찬을 해주지 않았다.

'도대체 언제쯤 칭찬을 해 줄까?'고 생각하면 어느 날 다른 공장으로부터 많은 사람들이 견학을 왔다며 직원을 호출했다. 무슨 일이 있는지 물어 보자, 견학을 온 사람은 '당신이 개선을 훌륭하게 잘 해냈기 때문에 보러 오도록 오노 씨가 말했다'는 말을 듣고 놀랐다. 직접 말로는 칭찬하지 않았지만 꼼꼼히 지켜보며 훌륭하게 개선되면 주변사람들에게 보러 오라고 하는 것이 바로 오노 씨의 방식이다.

그러나 한편 도요타로 견학을 온 사람들이 도요타의 개선방식을 보고 개선을 시도하기 때문에 안심하고 있을 수만은 없다. 그러므로 한 번의 개선으로 만족하는 것이 아니라 '개선하고 또 개선하여 한 번 더 개선한다'라는 자세를 갖지 않으면 순식간에 뒤쳐지게 되는 것이다.

오쿠다 히로시 회장은 입버릇처럼 '변하지 않는 것은 나쁜 것이다'고 말을 한다.

또한 도요타 그룹의 한 경영자는 '성취감도 소중하지만 언제까지나 그것에만 빠져 있지 말라'는 가르침을 받았다고 한다. 그러나 이 정도로 매일매일 개선하는 풍토가 정착되어 있다면 성취감에 젖어 있을 틈도 없을 것이다. '이대로 만족한다면 더 이상 발전은 없다.'고 생각하는 것이 바로 도요타의 철학이다. 변화에 익숙하지 않은 사람들의 관점에서 보자면 매우 힘들다고 여길 수도 있지만, 도요타는 변화를 당연하다고 생각하고 있기 때문에 계속하여 경쟁력을 가진 기업이 될 수 있었다.

사람들은 일이 제대로 진행되지 않을 때 여러 가지 새로운 방식을 시도해 보려 하지만, 한 번 성공하면 좀처럼 그 성공체험에서 빠져 나오지 못한다.

성취감을 만끽하는 것도 좋지만 새로운 마음으로 다른 것에 도전한다. 그렇게 하지 않으면 어느 순간부터 변화에 뒤쳐지고 있는 모습을 발견하게 될 것이다.

Point

작은 목표 달성들을 중시하라

1. 새로운 것을 시작하려면 시작하는 용기, 그만두는 용기, 참는 용기를 가져라.

2. 알아 보겠습니다, 지금 진행중입니다를 반복하지 말라.

3. 모르는 것을 모른 채로 불확실한 상태로 놓아 두지 말라.

4. 조금씩 어려운 과제에 도전하며 자신을 발전시켜 나가라.

5. 개선하고 또 개선하여 한 번 더 개선하라.

6. 성취감도 소중하지만 언제까지나 그것에만 빠져 있지 말라.

7. 변화를 두려워하거나 거부하기 시작하는 것은 후퇴의 시작이다.

제7장

항상 앞서가라

Make a habit of asking 'why?'
'왜?'를 입버릇으로 삼아라

어느 도요타 출신 사장이 어떤 기업의 재건사업에 착수했다. 지금까지 경비 삭감 일변도로 사원들의 영업경비까지 철저하게 확인했던 회사였으나 새로 온 사장은 세세한 경비 확인은 일단 뒷전으로 하고 사원들의 활기를 되찾는 것을 우선으로 했다.

비전이 사람들을 움직인다

어느 외식업체 사장은 적자 상태에 빠진 회사를 몇 년 뒤에는 확실한 흑자 회사로 전환시키겠다는 목표를 설정하고 회사재건 계획에 착수했다. 그 사장과 친분이 있는 한 교육대학의 교수는 회사재건의 관건이 될 만한 신조를 그에게 두 가지 가르쳐 주었다.

그 중 하나는 '철학이 없는 비용 절감은 실패를 초래한다' 라는 것이었다.

흑자 전환을 위해서는 규모 축소나 철저한 비용 절감이 필요하지만 앞뒤를 따지지 않고 무조건 단행하면 회사는 체력을 잃게 된다. 먼저 '어떤 회사를 만들고 싶은가' 하는 비전이나 철학을 사장을 비롯한 모든 사원들이 공유하지 못한다면 회생은 불가능하다는 의미다.

앞에 등장한 도요타 출신의 사장도 같은 생각을 했다고 한다.

'지금 회사가 힘들다는 적자 재정의 숫자를 보여주기만 해서는 안 됩니다. 왜 비용 절감이 절실한가, 그것을 위해서는 어떤 대책이 필요한가를 사원 한 사람 한 사람이 정확히 이해해야만 합니다. 숫자를 보는 것만이 아니라 그것을 이해함으로서 회사 내에는 일체감이란 것이 생겨납니다. 사장으로 부임했던 초창기에는 큰 경비 절약은 했습니다만 세세한 것들은 사원들이 회사의 상황을 제대로 이해해준 이후로 미루자고 생각했습니다. ''이런 걸 한다고 해서 뭐가 달라지나' 며 사원들의 활기를 잃어가게 될 뿐이기 때문입니다. 그러나 여러 가지 개혁을 거듭한 결과 조금 더 분발하면 흑자를 낼 수 있게 되었습니다. 이 정도라면 사원들도 본격적으로 비용 절감에 나설 수 있을 것이라고 생각하여 지금 다양한 방법을 시도하고 있는 중입니다.'

이 경영자는 시간을 들여서 기업의 존재 가치와 이익을 내야 할 필요성, 사원 한 사람 한 사람이 하고 있는 일이 얼마나 훌륭한 일인지에 대해 사원들에게 열심히 설명해 왔다. 그 결과 사원들의 의식은 확실히 바뀌었다. 그리하여 지금은 사원들이 자율적으로 경비를 절약하게 되었다고 경영자는 생각한다.

많은 사람들은 이 두 경영자와 반대의 행동을 한다. 처음부터 경비 절약을 강조한다. 먼저 인원 감축이나 규모 축소를 단행한다. 일시적으로 대차대조표는 호전을 보일지도 모르지만 결국 사원들의 의식이 피폐해지고 기업의 체력도 쇠퇴해 버린다. 이래서는 그 기업은 앞날을 기약할 수 없다.

현재 회사가 처해 있는 상황이 눈에 보이고 미래에 대한 비전이 명확하다면 직원들은 더욱 분발할 수 있다.

왜 도요타는 항상 위기감을 갖고 있는 것일까

도요타와 도요타식 생산방식을 도입한 많은 기업들의 특징 중 하나는 바로 '공개화' 이다.

공개화란 생산현장의 사정을 잘 모르는 사장이나 부장이라도 현장을 지나가는 것만으로도 불량 발생 상황이나 생산의 진척 상황 등을 한눈에 알 수 있도록 하여 문제점이나 대책을 지적할 수 있는 체제를 말한다. 또한 사무현장 등지에서는 공개화를 통해 누가 어떤 일은 하고 있는지, 문제는 무엇인지, 회사의 상황은 어떠한지를 볼 수 있도록 하고 있다.

'우리 회사 직원들은 위기감이 부족하다' 란 말을 하는 사람들이 많다. 위기감을 부여하기 위해서 구조 조정이나 임금 삭감을 단행하기도 한다. 일종의 충격요법이지만 이는 불안감을 조장할 뿐이다. 이런 방법으로 직원들의 회사재건이나 자립에 대한 의지가 솟아날 것이라고는 기대할 수 없다. 경영자가 말하는 위기감과 회사 상황을 사원들이 모두 보고 사원들 스스로가 위기에서 빨리 벗어나야겠다고 생각하는 위기감은 위기감의 차원이 다르다.

도요타는 항상 위기감을 갖고 있다고 자주 말한다.

여기서 말하는 위기감이란 말로만 하는 위기감이 아니다. 도요타가 말하는 위기감이란 사원들에게 무엇인가 문제가 보이기 때문에 생겨나는 '건전한 위기감'인 것이다. 그렇기 때문에 이를 통해 자립하려는 마음도 생겨나는 것이다.

지금까지 원가만을 생각하고 일을 해온 적은 한 번도 없는 사람에게 원가 절감이나 경비 절약을 시작하기란 어려운 일이다. 단지 지시 받은 대로 경비를 줄이고 있을 뿐인 것이다. 그 이유를 알지 못한다면 이런 것을 한다고 뭐가 달라지나…, 절약만 하라니 시끄러운 회사다는 등의 불평불만만 생겨나기 쉽다. 반대로 원가가 가지는 의미나 경비 절감의 의미를 제대로 파악하고 있다면 적극적으로 나설 수 있고, 자기 나름대로의 아이디어도 나올 수 있게 된다.

기업의 공개화에도 상당한 차이가 있다. 기업이 바뀌기만을 기다리는 것이 아니라, 스스로 적극적으로 기업이 처한 상황이나 원가의 의미를 이해하려는 노력이 필요하다. 숫자나 회사의 사정이 눈에 보이게 되면 일은 더욱 재미있어진다.

Be a step ahead of what the other person wants.

상대가 원하는 것보다
한 발 더 앞서가라

제조업의 세계는 하루가 다르게 달라지고 있다. 변화의 속도도 급격히 빨라지고 있다. 또한 가격이나 납기 품질에 대한 고객의 요구는 점점 어려워지고 있다. 고객의 요구에 대응하지 못해 우왕좌왕하지 않기 위해서는 고객의 요구보다 한 발 앞서가야 할 필요가 있다.

언제나 일에 쫓기게 되는 이유는 무엇인가

메이저리그의 이치로 선수는 가끔 멋진 플레이로 팬들을 사로잡는다. 이치로 선수에 따르면 이러한 멋진 플레이는 결코 우연하게 생기는 것이 아니라고 한다.

'공격이나 수비 모두 앞으로 일어날 일을 예측하여 경기를 합니다. 그것이 결과적으로는 많은 도움이 되었습니다. 예측하고 생각하면서 경기를 하는 습관이 없었다면 큰 경기를 치뤄 낼 수 없었을 겁니다.'

안타를 쳤을 때 상대가 그것을 잡으려고 하면 즉시 다음 루로 달려간다. 날아온 공을 쫓을 때에는 상대 타자나 주자가 다음 루에서 멈출 것인지 그 다음 루까지 달릴 것인지를 생각하면서 달린다. 언제나 예측하면서 경기를 하고 있기 때문에 상대의 순간적인 움직임에 신속하게 대처할 수 있다. 그것이 때로는 스릴 넘치는 큰 경기로 연결된다.

이치로 선수의 '생각하는 습관, 예측하는 습관'이란 말에 놀라움을 금치 못할 수밖에 없었다. 우리들은 그의 대단한 경기를 재능이라든가 체력이라는 말로 지나쳐 버렸지만 실제로는 생각하는 습관이 그의 경기를 뒷받침하고 있었던 것이다.

제조업의 세계에서는 기술이 나날이 진보하고 품질에 대

한 요구도 계속 높아지고 있는 데도 제품 가격은 대부분 낮아지는 추세에 있다. 납기도 과거에는 1-2주일 걸리는 것이 일반적이었으나 하루 이틀 내에 보내주지 못하면 계약을 파기하겠다는 정도까지 이르렀다. 무리를 해서라도 고객의 요구에 부응하기 위해 요구에 좌지우지되는 기업도 많이 있다.

도요타식 생산방식을 실천하고 있는 어느 중견 제조업체의 경영자는 나날이 개선을 거듭함으로서 상대가 원하는 것보다 한 발 더 앞서갈 수 있도록 노력하고 있다.

'업체 측이 먼저 이것도 가능하고 저것도 생산 가능하다고 말하지는 않지만, 지금 고객들이 원하는 것보다도 한 발 더 앞을 보고 개선하도록 하고 있습니다. 그렇게 하면 품질도 가격도 그리고 납기도 지금보다 상대의 요구가 높아져도 특별히 놀라는 일은 없어집니다.'

현재의 일에 쫓겨 버리면 앞이 보이지 않게 된다. 이 업체는 한 발 앞을 보면서 개선함으로서 여유를 가지고 일을 할 수 있게 되었다고 한다.

불만이 생기기 전에 미리 개선하라

도요타 그룹의 어느 경영자는 젊은 시절부터 '자신보다 두 계급 위의 상급자의 입장에서 생각하라'는 가르침을 받았다고 한다.

무슨 생각을 하면서 일을 하는가는 중요하다. 상부에서 지시한 대로 일을 하는 것도 그 중 하나지만 '이 일은 누구를 위한 것인가, 무슨 도움이 되는 것인가' 하고 고객의 입장에서 일을 하게 되면 조금 다른 방식으로 일을 할 수 있게 된다. 문제점을 해결할 때는 평사원이라 하더라도 주임이나 계장, 과장의 입장에서 생각하면 조금 다른 관점에서 판단할 수 있을지도 모른다.

예를 들면, 현재 1시간 동안에 완성하는 작업이 있다고 하자. 그것은 표준적인 방식이기 때문에 누구도 불만을 말하지 않고 더 신속하게 하라고 지시하는 사람도 없다. 그렇지만 자기 스스로 30분 안에 완성할 수 없을까하고 생각해 보면 어떨까? 그 자리에서 바로 실행할 수는 없을지 몰라도 작업방식을 검토해 보면 몇 가지 낭비를 알아낼 수 있고, 그것을 개선하면 적어도 지금보다는 시간을 단축할 수 있을 것이다.

이렇게 생각하는 습관을 만들어 두면 어느 날 갑자기 상사가 '30분만에 작업을 할 수 있도록 개선하라'고 지시해도 당황할 필요가 없어진다. 절대 불가능하다고 불평할 필요도 없다. 평소의 개선 성과를 발휘하면 주어진 과제는 순식간에 해결될 수 있다.

도요타 그룹의 경쟁력이 강한 것은 관련업체의 경쟁력이 강하기 때문이다.

도요타가 원가를 20%, 30% 낮춘다는 목표를 설정해도 동요하지 않는다. 어느 관련 업체의 경영자는 이렇게 말한다.

'20%에서 30% 정도 낮추라는 지시에 대해 '불가능하다'라고 한탄해도 아무런 도움이 되지 않습니다. 아예 원가를 반으로 줄임으로서 30%에서 20%의 이윤을 남긴다는 자세로 임하는 것이 진정한 개선입니다.'

눈앞의 일을 소화해 내기에만 급급해서는 발전이 없다. 상대가 원하는 것보다 멀리 높이 보며 일하는 습관을 길러야 한다.

Don't wait until you're sick to go to the hospital.
'병에 걸린 다음에야 병원에 가는 사람'이 되지 말라

'건강외래'를 선전문구로 삼아 독특한 진료활동을 실행하고 있는 의사가 있다는 신문기사를 읽은 적이 있다. 예를 들면, 위궤양에 걸린 다음에 병원에 가는 것이 아니라 조금이라도 위 상태가 나쁘면 즉시 병원에 가서 상담을 받는 것이 가장 이상적이라고 한다.

변화를 예측하지 못한 사람은 변화에 당황할 수밖에 없다

고령화 시대의 의료는 치료보다는 예방을 중요시해야 한다고 주창하는 사람이 있었다. 병에 걸린 뒤 당황하여 병원을 찾아도 이미 늦고 치료하는데 많은 시간이 걸리기 때문에 의료비용도 많이 든다. 그보다는 평소 생활습관과 건강관리에 신경을 써서 조기에 치료하는 것이 바람직한 것은 누구나 다 아는 사실이다. 적절한 조언을 해주는 병원이 있다면 모두가 보다 건강하게 살아갈 수 있다는 것이 그의 주장이다.

예방의학과 마찬가지로 일에도 예방보전이 필요하다.

'주문량이 갑자기 줄어들어서 큰일이다' 또는 '고객이 갑자기 오지 않는다'고 걱정하는 사람들이 있다. 이 얘기만 들어 보면 이 모든 것들이 갑자기 일어난 일처럼 여겨진다.

그러나 실제로 거래처가 갑자기 파산이라도 하지 않는 한 갑자기 주문량이 떨어질 일은 없다. 고객이 줄어드는 것에도 반드시 그 전부터 어떠한 형태로든 징조를 보였을 것이다. 조금씩 천천히 변화하고 있는 것을 감지하지 못했기 때문에 갑자기 주문이 줄고 고객이 줄어든 것처럼 여겨지는 것이다.

그런 사람들의 공통점은 현장에 직접 나가 보지 않는다

는 것이다. 생산 업체라면 공장에 직접 가서 물류 창고를 확인하고 매일 고객을 상대함으로서 변화를 얼마든지 감지할 수 있는 데도 대부분이 그렇게 하고 있지 않는 것이다.

무슨 일이 일어난 다음에야 당황하여 손을 써보려고 해도 때늦은 경우가 많고, 엎친 데 덮친 격으로 자금융통 문제까지 발생하면 개혁은 뒷전으로 밀려나게 된다.

개혁은 여력이 있을 때 실행해 두면 얼마든지 긍정적인 대책을 쓸 수 있다. 의학에 빗대어 말하자면 말기증상에 이르기 전에 몸의 이상 변화를 얼마나 빨리 감지하여 알아채고 예방조치를 취할 수 있는가가 중요하다는 의미이다.

'기계는 망가지는 것이 아니라 망가뜨리는 경우가 더욱 많다'는 것이 도요타식 사고방식이다. 기계가 망가진 후에 수리하는 것은 힘들지만 평소부터 소중히 다루고 기름을 칠하고 쇳가루를 털어내는 등 충분한 관리만 해둔다면 기계는 그리 쉽게 고장 나지 않는다. 즉, 수리하기 전에 기계설비를 완전한 상태로 지켜 주는 것이 가장 중요하다.

이것을 예방의학과 같이 '예방보전'이라 부른다.

인간을 대상으로 한 예방의학이 일상예방, 건강진단, 조기치료로 구성되어 있는 것과 마찬가지로 예방보전도 일상점검, 검사 및 진단, 예방수리로 구성되어 있다. 도요타는 기계설비가 고장 나지 않도록 사전 검사를 통해 기계이상에 대비할 수 있도록 만전의 태세를 취하고 있다.

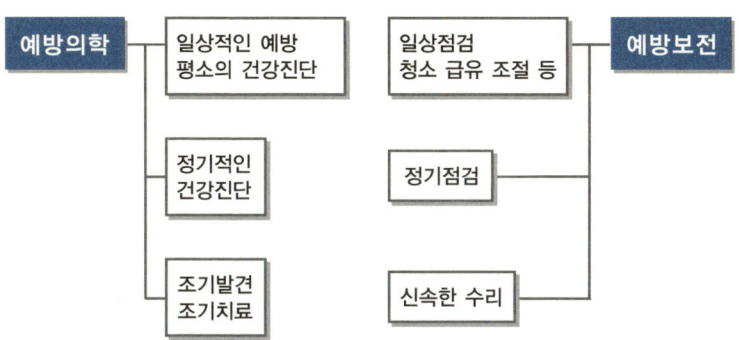

대부분의 기업에서는 기계가 고장난 후에 수리하는 것이 당연하다는 사고방식을 갖고 있다. 그러나 도요타에서는 고장이 나거나 이상이 발생하지 않도록 일상점검과 신속한 수리에 심혈을 기울이고 있다. 이는 인간의 예방의학과 같은 발상이다.

사소한 일을 큰일처럼 여겨라

기계설비뿐만 아니라 예방보전에도 세 가지 능력이 요구된다.

우선 작은 변화나 작은 이상을 느끼는 감지 능력이 필요하다.

두 번째로는 작은 이상을 수리할 수 있는 능력이 있어야 한다.

그리고 마지막으로 작은 이상이 두 번 다시 발생하지 않도록 개선하는 능력이 필요하다.

일을 하다 보면 주문량이 줄거나 고객수가 줄어드는 등 여러 가지 변화를 느낄 수 있을 것이다. 기계설비도 고장 전에 작은 소리나 냄새와 같은 초기 증상이 나타난다.

그럴 때 적절한 대책을 취한다면 작은 일로 끝나지만 그것을 지나쳐 버리게 되면 대형 사고로 번지는 경우가 많다. 평소 작은 변화에 민감해지는 것만이 예방보전의 전제가 된다.

변화나 이상을 느꼈다면 즉시 왜 주문이 줄었는지, 왜 손님이 오지 않는지를 생각하여 그 원인을 찾아낼 필요가 있다. 맛이 떨어졌다든가 접객에 문제가 있다는 등 무엇인가 원인이 있었음에 틀림없다. 조기에 개선한다면 원상태로 돌리는 것도 가능하다.

그러나 이것만이라면 대중 요법적인 차원을 넘지 않는다. 이보다 한 발 더 나아가 일의 수준을 전보다 향상시킬 수 있도록 노력한다면, 전보다 더 매출이 늘 것이다.

기계설비를 예로 든다면 작은 이상을 복구하는 것만이 아니라 두 번 다시 같은 문제가 발생하지 않도록 개선을 하는 것이다. 고장난 곳을 수리하는 것만이 아니라 두 번 다시 고장이 나지 않도록 하는 것이 도요타의 철학이다.

　기업의 사고나 기업비리 스캔들이 뉴스로 등장하는 일이 늘고 있다. 하룻밤만에 브랜드 이미지가 땅에 떨어지고 경영자의 책임문제로까지 비화한다. 이들 대부분은 작은 사고나 트러블을 방치해 두거나 감춰 둔 것으로 인해 일어나고 있다. 작은 싹일 때 처리하면 아무 일도 일어나지 않았을 것을 대부분 '그다지 큰일도 아닌데 뭐', '그러다 보면 잘 해결되겠지'라는 생각으로 방치해 두고 있는 사이에 큰 문제로 발전하여 더 이상 손쓸 방법도 없게 되는 것이다.

　일을 할 때에는 언제나 예방보전을 염두에 둘 필요가 있다. 트러블 처리의 달인이 되기보다는 트러블을 미연에 방지할 줄 아는 사람이 되길 바란다.

Prepare for what will happen in thirty years.
30년 후를 대비하라

도요타그룹의 어느 경영자가 한 이야기다.

인구문제, 연령구성, 자원, 환경문제 등 다양한 동향을 추정하고 분석하여 세계의 자동차시장의 미래를 가정한다면 10년 후에는 무엇을 해야 하는지, 5년 후, 3년 후에는 무엇을 준비해야 할지가 눈에 보이기 시작한다. 그렇다면 더 이상 우물쭈물하고 있을 시간이 없다.

미래를 예측하기 쉬운 이유는 무엇인가

지금까지 벤치마킹이라는 말을 몇 번인가 사용했다. 이 말은, 기준으로 삼고 싶은 기업이나 조직을 정해 두고 비교하고 대조하여 가장 좋은 방법을 취해 가는 과정을 말한다.

이 용어는 십 몇 년 전 미국의 제록스 사가 사용하던 것으로서 과거의 제록스는 실로 다양한 기업과 조직을 대상으로 벤치마킹을 하고 있었다. 우선 자사그룹에서도 가장 우수한 회사를 기준으로 하는 '내적 벤치마킹'이 있다. 또한 가장 큰 적이기도 한 다른 경쟁사를 기준으로 한 '경쟁적 벤치마킹', 자사 이외의 모든 분야에서 우수한 경영기능 혁신을 주도하고 있는 회사를 기준으로 한 '기능적 벤치마킹', 그리고 자신들보다 우수한 사업운영 방식을 실행하고 있는 '일반적 벤치마킹' 등이 있다.

최근 많은 기업들은 벤치마킹을 통해 타사의 장점을 모두 도입하고 싶어한다.

도요타는 그 대표주자 격이다. 어떤 사람은 도요타를 가리켜 '영원히 벤치마킹을 계속해 나갈 기업'이라고 하며 이것이 도요타 경쟁력의 비밀이라고 분석한 일이 있었다. 분명히 과거의 GM을 비롯하여 자사의 상황과 타사의 상황을 비교하고 검토함으로서 건전한 위기감을 갖게 되었고 성장을 계속해 왔다.

그러나 앞에서 소개한 경영자는 지금과 같은 벤치마킹만으로는 충분하지 못하다고 생각하고 있다. 지금까지는 현재의 기술과 가격 서비스만을 기준으로 삼았으나 지금은 변화의 속도가 빠른 데다가 경쟁사에게 추월당할 가능성도 있다. 몇 년 후를 대상으로 '현재 플러스 알파'를 예상하여 벤치마킹을 할 필요가 있다는 것이 그의 생각이다.

또한 몇 년 후를 추측할 수 있게 되면 30년 후는 그보다 더 쉽게 추측할 수 있게 된다고 한다.

가령 저출산율과 같이 통계상으로는 명확한 일들이 많이 있다. 그러한 사실들을 모아간다면 어느 정도 미래를 예측하는 것은 가능한 일이다. 철저하게 미래를 예측한 뒤 10년 후에는 무엇을 해야 하는지, 5년, 3년 후에는 무엇을 해야 하는지 그리고 그렇게 하기 위해서는 지금 무엇을 해야 하는지를 생각한다면 일을 어떻게 해야만 하는가하는 방식은 확실히 바뀔 것이다.

도요타가 말하는 위기감은 이러한 철저한 예측을 통한 분석 자료에 근거하고 있다.

지금 해야 할 일을 산출해 내는 방법

반대로 수요 예측을 과신해서는 안 된다.

공공사업이나 대부분의 기업들의 생산은 수요 예측을 통해 이루어지고 있다. 그러나 현실적으로는 고객의 동향을 정확히 파악하기란 어려운 일이다. 수요 예측을 과신하여 막대한 투자를 했지만 예측이 빗나가 과잉 설비나 인원을 끌어안게 되어 고심하는 기업들도 많이 있다.

도요타식 제조는 필요한 만큼만 생산하는데, 이는 '필요수량'에 의거하여 제품을 생산하는 것을 말한다.

'필요수량'은 판매상황을 의미하는 말로서 시장 동향으로 인해 결정된다. 즉 필요수량은 이미 결정되어진 것이므로 기업이 임의대로 늘리거나 줄일 수 없다. 이것이 바로 도요타와 다른 기업과의 큰 차이점이다. 다른 회사들이 수요 예측을 바탕으로 추측하여 제품을 생산하는 것에 비해 도요타는 나날이 변동하는 필요수량에 맞추어 팔 수 있는 제품만을 융통성 있게 생산한다. 그러므로 쓸데없는 재고를 만들지 않고, 과잉설비와 인원과다에 고심하는 일이 적다.

30년 후를 예측하지만 눈앞의 수요 예측은 믿지 않는다. 이것 또한 도요타의 철학이다. 예측 가능한 미래의 과제를 위해 꾸준히 대비하지만 필요수량과 같이 기업의 임의대로 움직일 수 없는 것에 대해서는 예측에 의지하지 않고 유연하게 대응하는 것이 위험부담을 최소한으로 줄일 수 있게 한다.

그러나 대부분의 사람들은 이와 정반대의 행동을 한다.

예를 들어 소(小)자녀화, 고령화가 진행되고 있다는 사실은 몇 년 전부터 알려진 사실이다. 그럼에도 불구하고 근본적인 대책을 강구하기보다 뒤로 미루고 있기 때문에 사회보장이나 고용 면에서도 잇달아 문제가 발생하여 어찌할 도리가 없는 상황에 몰리고 있다. 반대로 도로나 교각을 건설하기 위해 있지도 않은 수요를 만들어 내려고 하기 때문에 나중에 채산성이 맞지 않게 되어 버린다.

예측할 수 있는 사태는 무시하고 해서는 안 될 예측을 전폭적으로 신뢰하여 모든 일을 진행시켜서는 지금 무엇을 해야 하는지가 보일 리가 없다. 보다 앞날을 예측하면서 준비하는 습관을 들여야만 한다.

Be an expert in all five senses.

오감의 명인이 되어라

어느 업체가 젊은 사원들의 오감을 키우는 연수를 실시하고 있다. 수치로서 온도를 읽을 수 있지만, 그것이 어느 정도 덥고 추운 것인지는 직접 체험해 보지 않으면 알 수 없다.

이와 마찬가지로 제품도 실제로 자신이 직접 만들어 보지 않으면 알 수 없다. 직접 체험을 해보면 얻을 수 있는 것들은 상당히 많이 있다.

데이터가 오히려 감을 흐린다

어느 골프 토너먼트 경기에서 있었던 이야기다.

최근의 토너먼트에서는 그날의 홀의 위치를 자세하게 기입한 '홀 로케이션'이 배부된다. 선수들이나 캐디들도 그것에 의지하여 경기를 한다. 그러나 한 시합에서 홀의 위치를 잘못 기입한 종이가 배부되었다. 당연히 샷의 거리가 맞지 않아 불이익을 당한 선수가 항의를 했다. 이것은 명확한 운영진의 실수다. 그러나 이 소동에 대해 골프프로듀서인 도바리 쇼우 씨는 이러한 글을 올렸다.

'운영진의 실수이긴 하지만 선수들도 주어진 정보를 과신하는 위험성을 자각하길 바란다.'

도바리 씨에 따르면 과거의 일류 선수들은 스스로 그린 위의 핀과 깃발이 보여지는 모습이나 풍속 풍향으로 거리를 읽어 내고 주변의 수목의 움직임에도 주위하며 정확한 샷을 날렸다고 한다. 오감을 사용하여 판단을 했던 것이다. 과거의 플레이 방식이 현재 매니지먼트된 플레이보다 기억에 남는 명(名)플레이가 더 많았던 것 같은 생각이 든다는 게 도바리 씨의 감상이다.

골프선수의 오감에 대해서는 잘 모르지만 비즈니스 세계에서는 주어진 정보에 너무 의지하는 사람들이 늘어나고 있어 자신의 오감을 활용하여 판단하는 사람들이 적어지고 있다.

앞에 등장한 제조업체도 직접 실험해 보지 않고 데이터만으로 판단하는 연구진이나, 능숙하게 공장설비를 조작하지만 그것을 통해 생산하고 있는 제품에는 관심을 갖지 않는 기술자들에게 위기감을 느꼈기 때문에 오감을 키우기 위한 연수를 시작했다고 한다.

어느 날 어떤 직원이 연구실을 들여다보자 여러 가지 실험 가운데 지시와는 다른 방식으로 실험을 하고 있는 것을 보게 되었다. 지시와 다른 방식이라면 결과도 물론 예상과는 다르다. 그럼에도 아무런 의심도 갖지 않고 그것을 통해 얻은 데이터를 바탕으로 판단을 내리고 있었다. 당연히 판단도 잘못된 것이지만 데이터가 잘못되었다는 의식을 처음부터 갖고 있지 않기 때문에 의심하지 않는다. 스스로 실험을 실행하거나 제조현장에 관심을 갖고 있는 사람이라면 데이터나 컴퓨터 화면을 보면서 이상하다는 느낌을 받겠지만, 데이터에 너무 의존하게 되면 그러한 감도 둔해질 수밖에 없다.

아무리 정보가 넘쳐흘러도 판단은 결국 인간의 몫이다

　제품을 생산하기 전에는 수요를 예측한다. 다양한 데이터를 수집하여 치밀하게 분석하지만 그것이 적중하는 일은 극히 드물다고 한다. 오히려 적중하지 않는 일이 더 많다. 생산하기 위해 편의대로 수요 예측을 조작하여 결국 큰 손해를 보는 일도 있다.

　도요타에서는 제조업체가 임의대로 결정한 수요 예측으로 제품을 생산하지 않는다. 시장의 필요수량을 엄밀히 분석하여 그에 맞추어 생산을 한다. 편의대로 작성한 수요 예측은 처음부터 신뢰하지 않을 뿐더러 만약 수요 예측이 필요한 경우라면 데이터에 의존하는 것이 아니라 현지 현장에서 판단하여 결정한다.

　일을 하는데 있어서 정보가 얼마나 소중한지는 말할 것도 없다. 그러나 주어진 정보에 너무 의존하면 정보를 스스로 모으거나 중요한 것과 그렇지 못한 것을 분별하는 능력을 상실할 수 있다.

　오늘날과 같은 정보의 홍수 시대에서는 정보에 대한 오감을 얼마나 키워 나가느냐가 관건이 된다. 사람들이 길게 늘어서는 인기매장이 있다고 하자. 인기의 비밀이 잡지 등에 쓰여 있다. 그것을 있는 그대로 받아들이지 말고 직접 그

곳을 찾아가서 그 가게가 인기가 있는 이유를 찾아본다. 여기까지는 누구나 할 수 있는 일이다. 그렇다면 한 발 더 앞서서 같은 상품을 취급하고 있지만 인기가 없는 가게를 찾아가 본다. 두 곳을 비교해 보면 무엇이 인기를 끄는 원인이고 무엇이 인기를 끌지 못하는 원인인지 알 수 있을 것이다.

사람들에게 인기가 많은 어떤 가게의 경영자는 다음 체인점의 후보지가 결정되면 그 근처에서 하루 종일 지나가는 사람들을 지켜본다고 한다. 직업이나 연령, 시간대별로 어떻게 다른지를 계속 지켜본다. 이것을 몇 번 반복하고 있는 사이에 사람들이 지나가는 것을 보는 것만으로도 가게에 내놓았을 때 어떤 결과를 갖고 올지 예측할 수 있게 되었다고 한다. 조사회사에 의뢰하는 것도 좋지만 스스로 보는 눈을 키움으로서 데이터 이상의 사실이 눈에 보이기 시작하게 된다.

인터넷을 사용하면 정보를 얼마든지 손에 넣을 수 있는 만큼 정보에 대한 오감을 키워 두어야만 한다. 실수를 한 뒤, 컴퓨터가 거짓말을 했다고 해봤자 변명거리도 되지 않는다. 아무리 컴퓨터가 발달해도 마지막에 결단을 내리는 것은 결국 인간이다. 이는 바로 도요타 에이지 씨의 말이다.

You can make zero mistakes.

실수를 0%로 만들어라

'인간 친화적인 제품생산' 이란 말이 있다. 인간 친화적이란 말은 사용하는 사람에게도 친화적이란 말이기도 하지만 작업을 하는 사람에게도 친화적이란 뜻도 포함되어 있다. 대체로 위험한 작업을 시키지 않는다든가 힘든 자세로 작업을 하지 않는다는 의미이다. 이 두 가지도 물론 중요하지만 한 가지가 더 필요하다.

'인간 친화적'이란 말이 가진 진정한 의미

'도대체 당신 회사에서는 납품하기 전에 품질 검사를 하고 있는 겁니까?' 한 기업의 제품을 수탁 생산하고 있는 업체의 담당자가 이같은 지적을 받았다. 그 제품을 고객 앞에서 작동시켜 보려고 하였으나 전혀 움직이지 않는 일이 많다는 것이었다. 흔히 있는 일이었기 때문에 어디에 문제가 있는지 알아 보면 부품 하나가 제대로 세트되어 있지 않는 경우가 대부분이었다고 한다.

물론 품질 검사에는 만전을 기하고 있다. 회사에 돌아와서 검사를 해보아도 품질 검사는 철저하게 이루어지고 있으며, 납품 때에도 문제가 없었다.

문제가 생기는 것은 트럭에 싣고 운반하는 도중이라고 밖에 생각할 수 없었다. 약한 충격에도 부품이 빠져 버리는 것으로 밖에 생각할 도리가 없었다.

해결하는 방법은 세 가지가 있다.

첫 번째는 트럭에 직원들이 같이 타고 제품을 내리고 인수하기 전에 부품이 제대로 맞춰져 있는지 확인하는 방법이다.

두 번째로는 부품을 지금보다 더 튼튼하게 장착할 수 있도록 작업자들에게 주의를 준다.

세 번째로는 부품 자체를 충격에 강한 것으로 개선한다.

이럴 경우 부품이 빠지는 확률이 어떤 것과도 상관이 있지만 대체로 모두들 첫 번째나 두 번째 방법과 같은 검사 강화나 작업자에게 더욱 주의하도록 지시하는데 그치지 않을까? 철저하게 장착함으로서 부품이 빠지지 않게 된다면 작업자의 주의력이나 숙련도에 문제가 있었던 것이기 때문이다.

여기에서도 '인간 친화적'이 문제가 된다.

'인간 친화적'이란 말은 무리한 자세로 해야 하거나 위험성이 높은 작업을 시키지 않는 등 사람을 배려하는 것이 그 중심이 된다. 도요타식 생산방식을 실천하고 있는 공장에서는 이것을 철저하게 지키고 있다.

그러나 요즘에는 사람을 배려하는 것과는 별개로 쉬운 작업도 중시하고 있다.

예를 들면, 앞의 사례의 경우처럼 단순한 부품의 문제라면 주의력과 숙련도에 의존하는 것이 아니라 경험이 적은 사람이라도 쉽고 간편하게 장착할 수 있도록 부품 자체를 개선하는 것이다.

작업하는 사람이 요령을 가르쳐 주거나 신중하게 작업하라고 주의를 주어야 하는 일은 쉬운 작업이라고 할 수 없다. 생각하면서 판단해야 하는 작업해서는 크든 작든 실수는 발생할 수밖에 없기 때문이다.

불량품(실수) 입문

불량품을 만드는 5가지 요소
사람(MAN) 제품(MATERIAL) 설비(MACHINE)
방법(METHOD) 정보(INFORMATION)

No.	종류	내용	주요 사례	대응 수단
1	깜빡 실수	깜빡하거나 잊어버리기 때문에 발생	차단기를 내리는 것을 잊는다	사전 확인 정기 확인 구두 확인
2	끄덕끄덕 실수	급한 성격이나 착각으로 인해 발생	오토매틱 승용차를 스틱자 동차로 착각하여 클러치를 밟는다는 생각으로 브레이크를 밟는다	사전 확인 표준 작업 상담
3	슬쩍 실수	간과하거나 슬쩍 보는 것만으로 잘못 판단한다	5000엔 지폐와 10000엔 지폐를 착각한다	상담주의
4	아마추어 실수	잘 모르는 일을 아마추어 같은 방식으로 실행하여 발생	작업 순서를 대충대충 외워서 작업에 실패한다	숙련 표준작업
5	내 맘대로 실수	이 정도라면 괜찮을 것이라 편의대로 결정하여 규칙을 무시한다 부정승차	모두가 함께 건너면 빨간 불도 무섭지 않다는 사고 방식으로 인한 행동들 기초 교육	예의범절 교육 습관
6	어이없는 실수	스스로도 왜 이렇게 되었는지 모르는 부주의로 인해 발생	빨간 불인 데도 종종걸음으로 횡단보도를 건넌다	주의, 규율 표준 작업
7	둔한 실수	판단지연으로 인해 반응이나 동작이 둔해져서 발생	초보운전자가 뒤늦게 브레이크를 밟는 것	숙련 표준 작업
8	떠넘기기 실수	적절한 지시나 표준 작업 없이 작업자에게 맡겨 두기만 하기 때문에 발생	관리나 통제가 없는 현장은 불량품의 보고이다	작업 지시 표준 작업
9	깜짝 실수	정해진 대로 움직이지 않아 놀라게 하는 실수	기계의 오작동	토털 PM 표준 작업
10	고의 실수	일부러 범하는 실수	범죄	기초 교육 예의범절교육

실수를 긍정하면 → 불량품이 발생 → 후에 대처한다(검사로 불량을 막는다)

↓ ↓

실수를 반드시 없앨 수 있다는 신념 → 원점 대처(생산체제, 교육 등)

다음부터 주의하자는 생각이 시간과 노력을 잡아먹는다

도요타에서는 '실수는 0%로 만들 수 있다'고 생각한다. 그 다음 '사람이 보다 편하게 일할 수 있는 생산방식을 통해 실수가 없는 생산'을 지향한다.

한 방적공장에서 실이 끊겨 곤란한 상황에 빠졌다는 일화를 앞에서 소개한 바 있다. 보통은 끊긴 실을 재빨리 다시 연결시키는 것에 심혈을 기울인다. 그러나 도요타의 선조 도요타 사키치 씨는 실이 끊기면 즉시 기계가 정지하여 불량품이 생산되지 않도록 기계를 개선하는 동시에 '처음부터 끊이지 않는 실은 만들 수 없을까?' 하고 생각했다고 한다.

여기에 바로 도요타 철학의 원천이 있다.

끊겨진 실로 만들어진 제품을 검사 때 당겨보거나 끊겨진 실을 재빨리 연결하도록 작업하는 사람들을 훈련시키는 것이 아니다. 끊기지 않는 실을 만드는 것 자체를 고수하는 것이다.

첫 번째 경우를 보면, 주변 아무 곳에 부품이 뒹굴고 있다거나 부품이 정리되지 않은 채 아무렇게나 전달되어져 오면 다음 작업자는 하나하나 방향을 확인해야 하거나 부품을 정리해 놓고 작업을 시작해야 하는 등과 같은 쓸데없는 수고와 주의가 필요해진다. 양쪽 방향의 부품이 혼동되지 않도록 개선을 하거나 부품을 장착하는 방향으로 제대로 배열하여 전해 주면 누구라도 실수하거나 불량품을 만들어 낼 걱정 없이 제품을 생산할 수 있게 된다.

도요타가 말하는 인간 친화적인 제품 생산은 '실수가 없는 생산은 어떻게 하면 실현 가능한가'를 철저하게 추구한 결과로서 탄생한 사고방식이다.

일이 생각만큼 진행되지 않는다거나 실수를 했을 때 '어쩔 수 없다'고 체념하고 지나쳐 버리고 있지는 않은가.

'다음부터 주의하자'는 사고방식은 하지 않아도 될 수고와 주의에 온 신경을 쏟아 붓는 것이다.

더 나은 방법을 먼저 생각해 보면 사전의 준비와 개선을 통해 방지할 수 있는 실수나 실패는 얼마든지 있다.

그때가 되어 당황하여 이것저것 생각해 내려는 것은 소모적인 작업이다. 사전에 생각하라. 그리하면 실제로 일할 때에는 생각하지 않아도 충분한 성과를 기대할 수 있다.

Point

항상 앞서가라

1. 철학이 없는 비용 절감은 실패를 초래함을 명심하라.

2. 건전한 위기의식을 가지고 일에 임하라.

3. 자신보다 두 단계 위 상급자의 입장에서 생각하라.

4. 수요 예측을 과신하지 말라.

5. 30년 후를 내다보고 일을 준비하라.

6. 주어진 정보의 의존을 줄이고 자신의 오감을 활용하라.

7. 다음부터 주의한다는 생각을 버려라.

제**8**장

'마음'이
사람을 움직인다

상대가 납득할 때까지 설명하라
Talk it through face to face until the other person is convinced.

'이대로 개선 활동을 계속해 간다면 결국에는 우리들이 필요 없어지는 건가요?'

개선 활동을 추진하고 있는 제조업체에서 어느 날 비정규직 사원들 사이에서 이러한 불안감이 확산되었다. '그렇지 않습니다. 걱정하지 마세요.'라고 상사가 애매하게 말한 것이 더욱 불안감을 조장해 버리고 말았다.

만족시키고 싶다면 먼저 이해시켜라

'사원 만족'이란 말에 대해 '사원 납득'이라는 말을 만든 것은 리코의 하마다 히로시 회장이다. 만족도에는 개인차가 있기 때문에 전원을 만족시키기란 쉽지 않다. 그보다는 한 사람 한 사람을 충분히 납득시킨 다음, 일을 하게 하는 것이 더 바람직하다는 것이 하마다 회장의 취지이다.

납득을 시키는 것도 사실은 어려운 일이다. 권력에 의해 억지로 '설득'시키는 사람도 있다. 이보다 더욱 심한 것은 자신의 사고방식이나 방침을 종이에 써서 나눠 준 것만으로 전원이 이해했다고 착각하는 일이다. 납득은커녕 설득조차 포기한 것이다. 이러한 사람들은 모든 사람이 자신의 생각대로 움직여 주지 않으면 무능하다고 마음대로 비판해 버린다.

종이 몇 장을 만든 것만으로 일이 진행된다면 그것만큼 간단한 일은 또 없을 것이다. 실제로 직원과 조직을 움직이기 위해서는 한 사람 한 사람 납득시키는 꾸준한 노력이 반드시 필요하다.

도요타식 생산방식을 통한 생산 개혁을 실행하고 있는 한 제조업체는 개선 활동을 열심히 추진하는 것으로 유명했다.

개선 활동을 거듭한 결과 8명이 해오던 생산라인을 6명 혹은 5명이 할 수 있게 되었다. 그러자 인원이 많이 남았다.

라인에서 일하고 있는 사람의 대부분은 비정규직 여성들이었다. '적은 인원으로 작업 가능 = 해고'라는 불안을 느끼기 시작했다. 그래서 어느 날 공장 책임자에게 '개선 활동을 계속해 간다면 우리들이 필요없어지나요?'란 질문을 하기에 이른 것이다.

이러한 의문은 당연한 것이다. 몇 년이나 동일한 작업방식을 계속해 왔는데, 갑자기 개선하자고 하여 개선 활동에 착수한 결과 적은 인원으로 작업을 할 수 있게 되었다. '개선하는 것은 해고하기 위한 것이었나?'고 생각해도 어쩔 수 없었다.

그 의문에 대해 책임자는 '걱정하지 마세요. 여러분을 해고하지는 않을 겁니다.'라고 말은 했지만 그다지 미덥지 않다. 우연히 이러한 상황을 알게 된 모회사의 임원이 책임자에게 '애매한 말이 아니라 분명하게 알려 주는 것이 좋다'고 충고하여 책임자는 직접 비정규직에게 설명하기로 결정했다.

일에는 '이심전심'이란 사고방식이 통용되지 않는다

'여러분들도 아시다시피 인건비가 비싼 일본에서 벗어나 중국으로 공장을 이전하고 있는 기업이 계속 늘어나고 있습니다. 우리 회사도 예외는 아닙니다. 지금까지와 같은 방식을 계속해서는 이 공장을 유지하는 것은 불가능합니다. 그러나 저희들은 어떻게든 일본에서 제조업을 계속하고 싶다고 생각하고 있습니다. 그렇게 하기 위해서는 매일매일 개선을 거듭하여 해외에 뒤쳐지지 않는 제품 생산을 해야만 합니다. 개선을 통해 적은 인원으로 제품을 생산하고 경쟁력을 향상시키려고 합니다. 그것이 가능해지면 남은 인원으로 다른 제품을 만들 수도 있습니다. 매일매일 개선하는 것은 힘든 일이지만 일본에서 제조업을 계속하려면 반드시 필요한 일입니다.'

책임자는 긴 시간을 들여 비정규직에게 알기 쉽게 설명하고 질문도 받았다.

지금까지 왜, 무엇을 위해 개선을 했는지에 대해 한번도 설명을 듣지 못한 비정규직 직원들은 진지하게 이야기를 들었다. 다음 날부터는 지금까지보다 더욱 진지하게 개선 활동에 참가했다고 한다.

어떤 기업 경영자도 젊은 시절에 자회사의 재건에 실무자로서 파견되었을 때 그를 맞이하는 사원들의 적대감에 압도당할 것 같았다고 한다. 그러나 회사 재건을 위해서 해야 할 일들을 끈기 있게 설명해간 결과, '지금까지 그 일을 해야 하는 목적이나 의미를 설명해 주는 사람은 아무도 없었다'며 사원 모두가 감격해 했다고 한다. 그 후 모두가 재건사업에 협력해 주어 무사히 흑자 전환에 성공하게 되었다고 한다.

그러한 경험을 통해 무엇인가를 시작할 때는 반드시 한 사람 한 사람의 눈을 보고 '이 사람은 납득했구나'라고 알 때까지 설명하는 것을 신조로 삼고 있다. 예를 들면 개선 활동을 통해 어떤 분야의 일이 없어지게 되면 '왜 없애야 할 필요가 있는지, 앞으로 어떻게 하면 좋을지' 등의 설명을 반드시 한다. 그러면 경영자의 말을 모두가 신뢰하게 될 것이다.

사람과 대화를 나누는 것이 서투른 사람이 있다. '말하지 않아도 알아 주겠지'라고 생각하기 쉬운 사람, 중요한 이야기인데도 메일 등으로 대충 처리해 버리는 사람도 적지 않다. 그러나 대부분의 사람은 여러분이 생각한 것처럼 그렇게 이해가 빠르지 못하다. 자신이 하고 싶은 일이 있고 그것을 상대방이 이해해 주길 바란다면 상대의 눈을 보고 그 사람이 납득했는지 알 때까지 설명하는 습관을 들여야 한다.

Human relations extend in many directions.
인간관계의 범위를 늘려라

'결정할 때까지는 철저하게 토론하고 신중하게 생각합니다. 그러나 일단 결정되면 확실하게 실행하는 것이 도요타라는 회사입니다.'

도요타그룹의 CEO 중 한 사람이 이렇게 말했다. 토론문화가 가장 잘 정착된 기업으로서는 혼다가 유명하지만 도요타에도 모두가 자유롭게 모든 것을 토론할 수 있는 분위기가 정착되어 있다.

불평이 의견으로 바뀔 때

'엔진연비는 좋다. 그러나 전체 연비가 나쁜 것은 차체가 무겁기 때문이다'라고 한 제조업체에서 근무하는 기술자가 말했다. 확실히 엔진기술은 훌륭했다. 그러나 실제 주행연비가 좋지 않았던 이유는 차체와의 조립 균형에 문제가 있기 때문이라고 한다. 그러나 가장 큰 문제는 엔진기술자가 차체만을 문제 삼아 결코 자신의 문제로 삼지 않으려는 점이다.

이러한 사례는 얼마든지 있다. 같은 조직 안에 있으면서 매출 부진의 책임을 원인을 다른 분야에 떠넘긴 채 절대 자신이 잘못한 것은 하나도 없다고 주장한다. '나쁜 것은 네 탓'이라는 사고방식으로 모든 일을 흘려 버리는 일은 정말 편한 일이다. 하지만 문제는 아무것도 해결되지 않는다.

파산한 어떤 기업의 경우 파산 당시 파산의 책임을 임원이나 다른 부서에 떠넘기려고만 하여 사내 커뮤니케이션은 거의 불가능한 상태에 이르러 있었다. 그 광경을 차마 두고 볼 수 없었던 파산 관리인은 사내에 친목회실을 설치하여 하루 업무가 끝난 뒤 사원들이 자유롭게 모여 2-3천 엔의 회비로 가볍게 술을 마실 수 있도록 하였다.

처음에는 그다지 좋지 않았지만 점차 정착되기 시작하면

서 부서별로 과별로 혹은 부서를 뛰어넘은 사원들이 매일 밤 모여 대화를 나누게 되었다. 때로는 임원들도 이 대화의 장에 참가하게 되었다. 이윽고 모두가 마음을 터놓고 대화를 나눌 수 있게 되었고 다른 부서의 생각이나 고통도 공유할 수 있게 되었다. 푸념은 점차 긍정적인 대화들로 바뀌어 갔다고 한다. 이 회사는 그 후 화려한 재기에 성공했다.

'술로 회사 재건을 할 수 없다. 그러나 재건에는 진심으로 서로 대화를 나누는 일이 무엇보다 필요하다' 라는 것이 이 회사 사장이 느낀 것이었다.

일은 자신이 맡고 있는 공정만이 열심히 한다고 해서 되는 일이 아니다. 첫 공정부터 마지막 공정까지 의기투합하지 않으면 경쟁력은 태어나지 않는다.

그러나 자신의 부서밖에 생각하지 않으면 아무래도 '나쁜 일은 모두 다른 부서의 책임'이라는 잘못된 사고방식을 갖게 되기 쉽다. 그것을 막기 위해서라도 다른 부서에 대한 정보도 잘 알고 있는 것이 중요하다.

다른 부서에 관심을 가져라

도요타그룹은 1965년부터 사원들의 인간관계 구축에 힘써 왔다. 출신지방이나 출신학교 등 다양한 형태로 그룹을 만들어 3개월에 한 번 정도 사원들이 직장에서 벗어나 모일 수 있는 기회를 마련했다. 부서도 직책도 연령도 상관없는 소위 '종적, 횡적, 대각선적인 인간관계 구축'의 기회를 사원들에게 만들어 주고 있다.

이러한 자유로운 모임을 통해 사원 한 사람 한 사람이 '인간 네트워크'를 구축한다. 일을 하다가 궁금한 점이 생기면 질문할 수 있고 고민을 혼자서만 안고 있을 필요도 없다. 최근 화제가 되고 있는 '정신 치유'도 가능해진다.

또한 철저하게 폭넓은 인간관계를 구축함으로서 파벌이 없어지고 조직의 벽도 크게 낮아진다. 임원진들은 이러한 대화의 장을 통해 '여러분은 생산라인을 통해 생계를 이어가고 있다'는 의식을 심어 넣을 수 있게 되었다.

이러한 사내 풍토가 정착되어 있기 때문에 사원들도 자유롭게 자신의 의사를 표현할 수 있는 것이다.

그러나 이렇게 말하면 혹자들은 '우리 회사는 도요타와는 다르니까'라고 말한다. 과연 사풍이 다르다는 이유뿐일까?

한 제조업체 인사과에서 근무하고 있는 여직원이 하룻

동안 공장 안내를 맡게 되었다. 입사 후 줄곧 인사과에서만 일해 왔기 때문에 공장에 직접 가본 적이 거의 없었다. 어떠한 제품을 어떻게 만들고 있는지에 대해서도 관심을 가져본 적이 없었다. 그러나 안내담당을 맡으라는 지시를 받고 공장에 찾아가서 여러 이야기를 듣게 되면서 자사의 제품에 대해 점점 흥미를 느끼게 되었다. 공장사람들이 열심히 개선 활동을 추진하고 있는 것에도 감탄했다고 한다. 안내업무를 끝낸 다음에도 시간만 나면 공장에 찾아가 열심히 둘러보고 온다고 한다.

일에 대한 사고방식도 바뀌었다고 한다. '모두가 열심히 매일매일 개선을 거듭하고 있는 것을 알게 되자 저도 가만히 있을 수 없다고 생각했어요. 무엇인가 모두에게 도움이 되는 일을 해야겠다고 생각하게 되었습니다.'고 그녀는 말했다.

모든 부서가 의기투합하여 하나로 연결되기 위해서는 다른 부서에 관심을 가지고 이야기를 들어주는 자세를 갖는 것이 중요하다. 먼저 나부터 작은 '종적, 횡적, 대각선적'인 인간관계를 만들어 보면 어떨까?

Be a reliable manager.
의지할 수 있는 든든한 존재가 되어라

좋은 아이디어를 갖고 있어도 아무도 실행해 주지 않는다면 아무런 의미가 없다. 조직 안에서 일을 하고 있는 이상 한 사람의 힘으로 할 수 있는 일은 한정되어 있다. '현장이 움직여 주지를 않는다', '영업이 들어 주지 않는다' 등의 불평소리가 들려온다. 그러나 한 번이라도 그들이 왜 내 뜻대로 움직여 주지 않는가를 생각해본 적은 있는가?

왜 개선에는 인간관계의 힘이 반드시 필요한가

스태프부문과 라인부문이 충돌하는 일은 흔히 있는 일이다. 한 제조업체의 경영자인 A씨는 20대쯤 관련업체의 스태프로서 파견된 적이 있다고 한다. 적자에서 벗어나기 위해 생산라인을 개선하는 것이 그의 임무였다. 그러나 적자상태가 계속된 탓인지 사원들의 의욕은 저조했으며, 경비절감의 영향으로 지저분한 공장이 눈에 띄었다. 모회사에서 파견 나온 것이라고는 하나 20대인 A씨에게는 이렇다할 직함도 없었고, 현장사람들을 강하게 이끌어 갈 권력도 경험도 없었다.

A씨는 하루에 세 번 아침 점심 저녁마다 공장에 얼굴을 비추고 '안녕하십니까' 하고 인사한 뒤, '곤란한 일은 없습니까?' 라고 현장사람들에게 말을 걸었다. 처음에는 그가 인사해도 아무도 반응을 보이지 않았다. 상담을 원하는 사람도 없었다. 그러나 A씨는 전혀 개의치 않고 매일 얼굴을 비추고 말을 걸었다. 그러는 동안 '이 기계 좀 사용하기 어려운데…', 또는 '부품을 둘 데가 없어요' 등의 상담이 하나 둘씩 들어오기 시작했다.

그러한 상담에 대해 A씨는 자신이 할 수 있는 일은 그 자리에서 즉시 실행하고, 상사의 허가가 필요한 것은 상사와 의논하여 될 수 있는 한 실현될 수 있도록 노력했다. 이윽고

'이번에 모회사에서 파견 나온 젊은이는 마치 자기 일처럼 얘기를 들어준다'는 신용이 생기기 시작했다. A씨가 공장을 찾아가면 직원들이 먼저 인사를 해주고 이것저것 의논하러 오는 사람이 늘어났다.

매일 공장에서 생산라인을 보고 있었기 때문에 A씨는 개선해야 할 점들을 일찍부터 알고 있었다. 그러나 이러한 인간관계가 만들어질 때까지는 절대로 자신의 의견을 말하려 하지 않았다. '이렇게 바꾸면 어떨까요?'라고 제안하게 되기 시작한 것은 서로 신뢰관계가 만들어진 다음이다.

공장의 직원들이 A씨의 개선책에 대해 자신의 의견을 말할 수 있는 분위기가 만들어지고, 'A씨가 그렇게 말한다면 한 번 해볼까?'라고 말해 주는 인간관계 구축에 많은 시간이 필요했다. 그러나 그 후 개선은 빠른 속도로 진행되었다. 그 후 A씨는 사장이 된 지금도 현장에 자주 찾아가 직원들과 편안하게 대화를 나누는 것을 습관으로 하고 있다.

'개선에는 일반적인 커뮤니케이션이 반드시 필요하다.' A씨는 아직도 이것을 변함없는 신조로 삼고 있다.

> 기억하라! 인간은 뛰어난 발상을 가진 사람보다 사람 좋은 사람을 위해 노력한다

위와 마찬가지로 한 제조업체의 임원도 무엇인가를 개선해야 할 때는 한밤중에 교대시간에라도 공장을 찾아가 공장장과 '이렇게 개선하고 싶은데, 공장장님은 어떻게 생각하십니까?'라며, 의견을 교환하는 것을 습관으로 삼고 있다. 이 습관은 젊은 시절부터 갖고 있던 것으로서 책상 앞에서 아이디어를 구상하는 것뿐만 아니라 그 아이디어를 현장 직원들에게 들려 주고 어느 부분이 좋고 나쁜지를 확인해 왔다. 공장장의 납득을 얻은 아이디어는 대체로 현장에서 순조롭게 실행에 옮겨진다는 것이 이 임원의 경험이다.

도요타에는 '의지할 수 있는 든든한 존재가 되어라'란 말이 있다. '현장에서 보고 있다면 무엇이든 도와주어라. "저 사람은 좋은 것을 생각해 주는 사람이다"라고 모두들 생각하게 되면 이번에는 현장 사람들이 먼저 말을 걸어온다'라는 것이다.

NHK의 인기 프로그램인 '프로젝트 X'를 보면 어려운 과제에 도전하여 성공하는 사람의 주위에는 훌륭한 인간관계가 있다는 것을 잘 알 수 있다. 이러한 인간관계는 하루아침에 만들어진 것이 아니다. 권력의 유무와도 상관없다.

앞에서 소개한 A씨나 제조업체의 임원과 같이 젊은 시절부터 현장 사람들과의 커뮤니케이션을 중시하고 이 사람들에게 의지할 수 있는 존재가 되기 위해 계속 노력할 때 비로소 신뢰관계는 형성될 수 있다.

보통 커뮤니케이션이라고 하면 술자리나 골프처럼 일 이외의 교류를 연상하는 사람들이 있다. 하지만 진정한 커뮤니케이션이란 일상적인 일 속에서의 신뢰로부터 만들어지는 것이다.

아이디어 실행을 지탱하는 것은 아이디어의 훌륭함 뿐 아니라 평소의 커뮤니케이션을 통해 형성된 신뢰관계이다.

It's not your mouth but your ears that let others speak.
말보다 귀로 상대의 본심을 끌어내라

　　B씨가 구매책임자로 부임했다. 어느 날 납품 받은 부품 중에 불량이 있다면서 담당자가 납품업체의 직원을 불러 놓고 화를 내고 있었다.

　　B씨는 두 사람 사이에 끼어들어 '우리 쪽에는 아무 문제도 없었는가?' 하고 물어 보았다. 그러자 담당자도 부품 납품업체에 분명하지 않게 지시했던 사실이 판명되었다.

권력에 의존하면 인간관계가 지속되지 않는다

구매담당자와 납품업체의 권력관계는 분명하다. 이러한 경우 약자의 입장에 서있는 상대에게 권력을 함부로 휘두르는 사람들이 있다. 가격이나 납기 등 무리한 조건을 강요하거나 상대가 실수라도 하면 '거래를 끊는다'며 화를 낸다. 업자를 기다리게 하는건 기본이고, 헤어질 때에 배웅도 하지 않는다.

앞에 등장한 B씨는 이러한 삐뚤어진 관계를 싫어했다. 예를 들면 불량품이 나왔다고 업체 측을 질책하는 것은 어렵지 않지만 '정말 상대방만 일방적으로 잘못한 것일까' 라는 의문을 갖게 되었다. 물론 업체 측이 지시대로 일을 할 수 있는 능력이 없다면 거래를 고려해볼 필요가 있다. 그러나 지시를 내린 쪽에도 문제가 있었다고 한다면 먼저 그것을 고치지 않으면 안 된다. 업체 측이 권력관계 때문에 할 말도 못하고 '예, 예…'라고 들을 수밖에 없는 상태에서는 문제를 발견할 수 없다.

이렇게 생각한 B씨는 업체와 상대하는 방식을 완전히 바꾸었다. 상담시간을 철저하게 지키고 업체 직원이 돌아갈 때에는 혼자서 현관까지 배웅하였다. 업체를 하나씩 방문해서 좋은 제품을 만들 수 있는 방법이 있으면 주저하지 말고 제안해 달라는 부탁도 했다. 불량품이 나오면 어떻게 지시했는가를 포함하여 철저하게 원인을 분석하고 개선을 추진해 갔다. 도요타의 '전(前) 공정(원료 및 부품 제조)은 신(神)'이라는 사고방식을 실천하여 납품업체는 하청업체가 아니라 '협력업체'라고 생각했다.

이윽고 구매담당자의 태도가 바뀌는 것뿐만 아니라 협력업체로부터 여러 가지 제안들이 올라오게 되었다. 서로를 파트너로서 인식하게 되었기 때문에 가능해진 이야기이다.

'당연히 상대가 잘못했다'라는 식의 일방적인 태도로는 진정한 원인이 무엇이었는지 알 수 없는 것은 물론 건설적인 의견도 나올 수 없다. 내가 먼저 상대의 의견을 들어주는 자세를 갖는다면 상대도 본심을 이야기해줄 것이고 건설적인 제안도 기대할 수 있다.

인간관계라는 것은 그러한 상호 신뢰로 이루어져 있다.

고충처리로 인한 '손실'은 후에 몇 배의 이익이 되어 돌아온다

고충처리를 귀찮고 번거로운 일로 생각하여 소홀히 하는 사람들이 많다. 그러나 고충처리란 고객과 신뢰관계를 형성하고 상품을 보다 개선할 수 있는 기회이기도 하다.

야마토 운수가 스키택배의 트러블에 휘말렸을 때 훌륭하게 대응했던 이야기를 소개해 보고자 한다.

새로운 서비스를 시작하고 얼마 후 몇 년 만에 한 번 있는 폭설로 인해 교통이 마비되어 스키를 실은 트럭이 스키장에 도착하지 못한 일이 있었다. 많은 고객에게 피해를 입히게 되었으나 그때 야마토 운수는 고객들에게 긴급히 연락하여, 사용한 대여 스키의 요금은 물론 구입한 속옷이나 양말까지 일체의 비용을 변상하고 사과했다.

몇 년 만에 처음이라는 폭설은 인간의 힘으로는 어찌할 수 없는 불가항력이라고 할 수 있다. 기차나 비행기, 배라도 폭설에 의해 운행이 지연되면 요금을 할인해 주거나 돌려주기는 해도 그 이상의 비용 부담은 생각할 수 없다. 만약 부담한다고 해도 '후일 협상을 통해' 이루어질 것이다. 시간을 들여 의견을 절충하고 회사의 손해를 얼마만큼 줄일 수 있는지에 역점을 둔다.

그러나 야마토 운수의 전 회장 오구라 쇼우오 씨의 생각은 달랐다.

'시간을 들여 의견을 절충하면 손실액이 조금은 적어질지 모르지만 손실액에 더해 인건비도 들어간다. 게다가 고객이 시간이 많이 걸린 것에 대해 화를 내게 된다. 즉시 해결한다면 사고는 어쩔 수 없다고 치고, 해결을 위해 노력하는 성의를 생각하여 고객들도 용서해 준다.'

많은 비용은 들었지만 신속하게 대응한 덕택으로 야마토 운수의 스키택배는 고객들의 호감을 불러일으켜 다음 해에는 전년 이상의 이용률을 기록했다고 한다.

트러블이 발생했을 때나 고객들의 불평불만이 들어왔을 때 일단은 상대방에게 불신감을 안겨 주지 않는 것이 가장 중요하다. 어떠한 협상에서도 상호의 신뢰관계가 없다면 순조롭게 진행될 수 없다.

일에서는 상대를 존중하는 자세를 가져야 한다. 일이란 개인과 개인의 관계가 모아져 성립되어 있다. 깔보는 태도나 회사 사이의 권력관계에 의존한 거만한 태도를 가진다면 이에 대해 진정한 성의를 보여 주는 사람은 아무도 없다.

Don't create isolated islands.
고립시키지 말라

도요타식 생산방식에는 '아무도 고립시키지 말라'거나 '서로 돕기운동' 등 사람 사이의 팀웍이 얼마나 소중한가에 대해 언급한 말들이 많이 있다. 후방 생산라인의 작업이 진척되지 않고 있다면 그들을 도와주어라, 원료나 부품을 배턴이라 생각하고 한 사람씩 전달하라 등의 말한다. 여기에도 도요타 경쟁력의 비밀이 숨겨져 있다.

개개인의 경쟁을 통해 전체가 성장하는 방법

규슈에 구로가와 온천이라는 인기 온천지구가 있다. 몇 년 전 만해도 그다지 지명도가 높지 않았던 온천지구였으나 현재는 인기온천인 유부인 온천에도 뒤지지 않은 인기를 자랑하고 있다.

숙박시설이 불과 십 수 개뿐인 구로가와 온천에 왜 이렇게 많은 손님들이 찾아오게 되었을까?

분명히 자연경관을 지키기 위해 간판을 눈에 띄지 않게 하거나 각각의 숙박시설이 자연을 활용한 노천탕을 만드는 등 아이디어를 짜낸 모습이 역력하다.

그러나 그 이상으로 훌륭한 것은 고객을 구로가와 온천지구 전체가 맞이하여 대접하려하는 자세이다. 숙박시설 안에는 노천탕을 만들고 싶어도 여건상 그렇게 할 수 없는 곳도 있다. 그러한 곳을 없애는 것이 아니라 구로가와 온천을 찾는 모든 손님에게는 구로가와 지구의 모든 온천을 자유롭게 즐길 수 있게 하고 있다.

각각의 숙박시설이 서비스나 설비를 내실화하는 등 많은 노력을 기울이는 것뿐 아니라 온천지구가 하나가 되어 고객들이 편히 쉴 수 있는 분위기를 조성하려고 노력하고 있다. 그렇기 때문에 작은 온천지구이지만 많은 손님들을 끌어 모을 수 있는 것이다.

한편 유명한 온천지구 중에는 호화로운 설비를 경쟁하는 숙박시설들이 많이 있다. 물론 그들 숙박시설 자체는 모두 훌륭하다. 그러나 온천지구 그 자체가 고객을 맞이하는 분위기를 갖고 있지는 않은 듯하다.

예전에 TV에서 활기 넘치는 상점가를 소개한 적이 있다.

'셔터길'이란 말이 생겨날 만큼 많은 상점가가 하나 둘씩 문을 닫고 있는 가운데 이 상점가는 하나의 기업 집단화하여 어떻게 하면 고객을 늘릴 수 있을지 팀을 짜서 분석하고 철저하게 개선 활동을 추진하고 있었다.

예를 들면 분석을 통해 한 상점의 상품 종류가 좋지 못하다는 평가가 나온다.

가게주인이 생각하기엔 상품 종류에 절대적인 자신감을 갖고 있었던 만큼 충격적이다. 이유는 이렇다. 전자제품가게나 카메라가게가 아무리 다채로운 상품을 구비해 놓고 있다 하더라도 대부분의 사람들은 대형 할인매장에서 이들을 구입한다. 대형 할인매장과 가격이나 상품 종류 면에서 경쟁을 하는 것은 거의 불가능한 일이다. 상점가의 전자제품가게나 카메라가게는 할인매장과는 차별화된 서비스나 상품을 갖추어야 한다는 말이다.

가게주인이 차마 생각지 못한 이러한 점들을 지적하여 어떻게 하면 손님들이 찾아올지를 모두가 함께 생각한다. 그리하여 상점들 전체가 고객의 관점을 이해하고 그것을 영업에 도입하는 데 성공했다. 이 상점가는 지금도 단 한 곳도 문을 닫은 곳 없이 열심히 영업을 계속하고 있다.

가게 하나하나가 손님을 끌어 모으기 위해 연구와 노력을 거듭하는 것은 당연한 일이지만 상점가 자체에 활기가 없다면 손님들이 찾아올 리가 없다. 구로가와 온천도 그랬지만 각자의 경쟁력을 향상시키는 것은 물론 전체의 경쟁력도 함께 향상시켜야만 고객의 사랑을 받을 수 있다.

과도한 자의식을 버려라

기업도 이와 마찬가지다.

도요타식 생산은 개인의 기술과 팀 플레이를 통해 이루어져 있다. 현장에서 일하는 한 사람 한 사람이 습득한 기술과 지혜를 통해 개선 활동이 매일 진행되고 있다. 개개인이 '나는 열심히 하고 있다', '내가 하는 일은 목표대로 진행되고 있다', '나만 못하는 것은 모두에게 미안한 일이다'와 같은 강한 책임감을 가지고 일을 하고 있다.

그 자체는 훌륭한 일이지만 이것이 때로는 과도한 자의식을 불러일으킬 때도 있다. '나만 잘하면'이라는 사고방식이 오히려 전체의 목표 달성을 방해하는 일도 생기게 된다.

그것을 막기 위해 팀웍이 필요한 것이다.

예를 들면 조립공정에 필요한 부품을 나눠 주는 직원들이 있다. 당연한 얘기지만 그들이 필요한 때에 필요한 부품을 필요한 양만큼 나눠 주지 않으면 조립작업은 진행되지 않는다.

또한 단지 나눠 주는 것이 아니라 조립하기 쉽도록 부품을 가지런히 정리하여 가져다주는 것이 더 편하다. 또 공구가 필요 없는 간단한 조립을 대신 해준다면 조립작업을 하는 사람들은 지금까지보다 더 부가가치를 높일 수 있다.

릴레이 경주에서 좋은 기록을 남길 수 있는가의 여부는 결승점에 골인하기 몇 백 미터 전에 마지막 스파트를 낼 수 있는가에 달려 있다고 한다. 여기에서의 몇 초가 쌓여 기록이나 승리로 연결되는 것이다.

마찬가지로 전(前) 공정이 다음 공정을 위해 조금씩 부가가치를 상승시킬 수 있는 일을 넘겨 주려고 노력한다면 전체의 부가가치도 높아진다.

일을 할 때 자신의 공정이나 부서만의 성과를 쫓게 되는 것은 당연하다. 그러나 자신의 공정이나 부서가 다음 공정과 다른 부서를 위해 얼마나 도움을 줄 수 있는가에 대해서도 생각하면서 일을 하는 것도 중요하다. 결과적으로 조직 전체의 경쟁력이 향상되기 때문이다.

조직에 끌려 다니는 것은 물론 바람직하지 않지만 너무나 자신만을 추구하다 보면 조직의 경쟁력은 약화된다.

개인도 조직을 통해 경쟁력을 향상시켜 가는 것이 가장 이상적이라 할 수 있다.

다른 사람에게 노동 강화를 강요하지 말라

Don't force others to labour harder.

필자의 저서 "도요타식 제품 생산과 인재 육성"에서 도요타의 초 후지오 사장이 오노 다이이치 씨를 '경영자이자 교육자였다'고 평가한 부분이 있다.

도요타의 강점은 '제품 생산은 곧 인재 육성'을 실천하고 인재를 키워오는 데서 비롯된다. 먼저 사람이 있고, 그 다음에 기업이 있다고 생각하기 때문이다.

지혜에 한계란 없다

어떤 경영자는 젊은 사원들에게 자주 이런 이야기를 한다고 한다.

'뷔페식 레스토랑에 식사를 하기 위해 갔다고 하자. 다 먹지도 못할 만큼 많은 양의 음식을 가져와서 결국 남기게 되었다. 음식을 버리는 것은 물론 아깝다. 어차피 버릴 음식을 담아온 시간도 결국 낭비였다. 그러나 그보다 열심히 만든 음식이 버려지는 것을 본 주방장의 마음은 어떨까?'

제조업에 종사하다 보면 '제품은 소중하다', '시간을 소중히 하라'란 말을 쉽게 이해할 수 있게 된다. 그러나 가끔 '사람의 마음을 소중히 하라'에는 그다지 신경을 쓰지 않게 되는 경우도 있다. 특히 기계설비가 중심이 된 생산방식에 의존하다 보면 인간은 때로 기계의 노예가 되어 버린다.

기계중심의 제조에서 도요타식의 '인간 중심의 제조'로 바꿔 가는 과정에서 경영자는 '사람을 소중히 여길 것', '사람의 마음을 소중히 여길 것'을 자주 사원들에게 강조했다.

도요타식 생산방식의 기본은 바로 '사람을 활용하는 것'에 있다.

오노 다이이치 씨는 이런 말을 평소에 입버릇처럼 달고 다녔다. '인간의 지혜는 대단하다. 절대로 한계가 없다.' 그리고 '어떻게 하면 그 지혜를 짜낼 수 있는 자리를 만들어 낼 수 있을까?'를 늘 생각했다. 인간을 생산방식의 기본이라 생각하고, 어떻게 하면 인간으로부터 지혜를 얻어 낼 수 있는지가 모든 것의 바탕이 되었던 것이다.

인간은 어떤 상황에 의욕이 솟아오르는 것일까?

야마토 운수회사의 오구라 쇼우오 씨는 그의 저서 "경영학"에서 이렇게 말한다.

'먼저 인간은 어떤 상황에서 의욕을 잃게 되는지에 관해서 생각해 보자. 상부에서 지시한 일이 주어지고 목표가 설정되어 그 방식까지 세세하게 지시를 받았다. 그러나 생각해본 결과 자신이 생각한 방식으로 일을 실행하는 편이 더 나을 것 같다. 하지만 상부에서는 그것을 허용해 주지 않는다. 바로 이러한 경우에 사람들은 의욕을 잃게 되는 것이다. 반대로 사원들 모두가 의욕을 내고 주어진 일을 자주적이고 자율적으로 실행하여 목표로 했던 성과를 달성하기 위해서는 어떻게 하면 좋을까? 기업의 목적이나 목표 등을 명확히 제시한 뒤, 사원들 각자가 자기 나름대로의 목표 달성 방식을 생각할 수 있도록 한다. 또한 한 사람 한 사람이 왜 그렇게 해야 하는지를 납득할 수 있도록 설명한다.'

사원 한 사람 한 사람에게 스스로의 방식을 생각하게 하는 것이야말로 사원들의 의욕을 불러일으키는 핵심이 된다고 오구라 씨는 생각하고 있다. 바로 그것이 정답이다.

생각하게 하는 것이 왜 상대를 편하게 만드는가

지시한 대로 실행하도록 명령하는 방식이 아니라 인간이 갖고 있는 생각하는 능력을 최대한 존중한다면 인간은 자연히 의욕을 갖게 된다. 철저하게 자신의 머리로 생각하고 직접 실행해 본다면 저절로 좋은 성과를 얻을 수 있다. 어떤 상황에서도 밝고 쾌활해질 수 있게 된다.

문제는 자신뿐만 아니라 다른 사람을 자신처럼 소중히 할 수 있는가에 있다.

어떤 도요타 직원이 동료들과 같이 추진한 개선 활동의 결과가 좀처럼 나오지 않는다고 하여 기다림에 지친 나머지 독단적으로 실행하여 결과를 얻어 냈다. 보통 때라면 '그것 봐! 하면 된다니까'라고 모두에게 증명한 셈이 된다. 그러나 오노 다이이치 씨는 이 직원에게 엄중한 주의를 내렸다.

'"왜 결과가 나오지 않는가"에 대해서 먼저 생각해 보는 것이 중요하다. 그것을 생각해 보지 않고 독단적으로 실행하는 것은 마음속으로 노동 강화를 강요당한다고 생각하기 때문이다'

현장에서 일하고 있는 직원들의 노고를 알고, 생산성 향상을 위해 함께 노력해 주는 직원들의 마음을 늘 기억하고 있었던 오노 식의 질책이다. 원래대로라면 스스로 노력하여 결과를 직접 보여 주면 "그것 봐. 하면 되지 않나. 모두들 더욱 분발하도록"과 같은 칭찬을 받았을 것이다. 그러나 '왜 결과가 나오지 않는 것인가', '어디가 잘못된 것인가'를 고민하며, 실제로 작업하는 사람의 입장에 서서 생각해 본다.

바로 여기에 도요타가 말하는 '사람을 소중히 하라'의 참뜻이 담겨 있다.

자신은 다른 사람에게 존중받고 모두가 소중히 여겨 주길 바라면서 다른 사람에 대해서는 전혀 신경도 쓰지 않는 사람들이 있다. 그 중에서도 심한 경우에는 생각하는 것은 자신뿐이고, 다른 사람들은 모두 자신의 생각을 따르기만 하면 된다고 잘못된 착각을 하는 사람들이다.

기업을 성장시키는 가장 중요한 열쇠는 어디까지나 사람이다.

스스로 생각하고 실제로 실행해 보는 것은 일에 있어서 매우 중요하다. 그러나 동시에 다른 사람의 생각과 가능성도 최대한 존중할 줄도 알아야 한다. 다른 사람을 존중할 수 있게 되면 모두가 함께 발전적인 일을 할 수가 있다. 또한 언젠가 부하 직원들이 생기게 되면 부하 직원들의 가능성을 끌어낼 수가 있다.

도요타 에이지 씨는 관리직들에게 자신을 능가하는 부하 직원을 키워야 한다고 늘 말한다. 후배 양성을 통해 많은 가르침을 준 선배의 은혜를 갚는다. 도요타는 이러한 반복을 통해 인재가 육성되고 그 결과 기업이 성장하고 있다.

도요타식 일의 기술의 바탕에는 바로 무엇보다 직원을 소중히 여기는 사고방식이 깔려 있다.

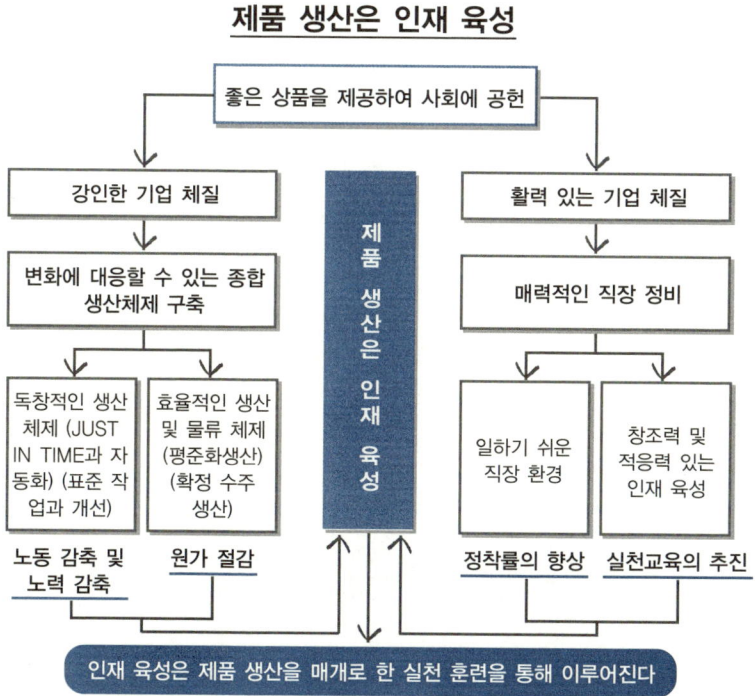

God hands it to you, you hand it to customers.

전(前) 공정은 신이요, 후(後) 공정은 고객이다

오늘날 제조업의 중요한 열쇠를 쥐고 있는 것은 바로 환경이라 해도 과언이 아니다. 지금은 ISO(국제 표준화 기구)의 규격 취득이 당연시되고 있지만 규격을 취득하기 위해서는 많은 과제를 해결해야만 한다. 서류 작성은 물론 생산현장에서 실행해야 할 일들도 많다. 그러나 서류업무에만 치우친 나머지 때때로 현장의 어려움을 잊어버리게 되는 일도 있다.

다른 사람에게 부담을 전가하고 있지는 않은가

가끔 패스트푸드점에서 음식을 먹을 때가 있다. 먹고 난 쟁반 등을 치우려 하면 '환경을 위해 쓰레기 분리 수거에 협력해 주십시오' 라고 쓰인 문구가 눈에 들어온다. 어디에 무엇을 버리면 되는지 한눈에 들어오는 그림도 그려져 있다. 담배꽁초와 마시다 남은 음료수, 그리고 종이와 플라스틱을 각각 어디에 버리면 되는지 자세하게 그려져 있다. 게다가 '종이는 종이컵과 감자튀김 봉투, 플라스틱은 컵뚜껑이나 빨대' 라는 것을 설명해 주는 아주 구체적인 그림도 붙어 있다. 이렇게 자세한 설명을 보게 되면 무엇을 어디에 버려야 할지 고민할 필요가 없다.

이 정도까지 자세하게 설명하지 않아도 되지 않겠느냐고 생각하는 사람들도 있을지 모른다. 그러나 인간은 무엇을 어디에 버려야 하는지 판단하는 것을 귀찮게 여기기 때문에 쓰레기를 한 곳에 몰아서 버리는 경향을 갖고 있다고 한다. 그러나 그림 등을 통해 재미있게 '종이는 여기', '플라스틱은 저기' 란 식으로 구분하게 하면, 버리는 사람들도 의외의 재미를 느낄 수 있고 한 곳에 몰아 버리지도 않기 때문에 일석이조라고 한다.

환경과 관련된 자격 중에는 ISO라는 것이 있다. ISO를 취득하기 위해서는 사무작업만으로도 할 일이 많아진다. 매뉴얼을 작성하거나 표준 작업을 결정해야 하는 등 여러 가지 서류가 필요해 진다. 사무국은 그러한 서류를 작성하는 한편 쓰레기 분리수거를 할 수 있도록 생산현장에도 협력을 요청해야 하기 때문에 업무량이 급속히 늘어난다.

ISO 취득을 위해 한 기업에서는 사무국이 현장에서 해야 할 일을 리스트로 작성하여 경영자에게 설명했다. 경영자는 ISO의 필요성은 충분히 이해하지만 사무국이 한 가지 지켜 주어야 할 일이 있다는 말을 했다.

'환경의 소중함은 충분히 알고 있고 서류 작성도 전부 사무국에 일임하겠다. 그러나 현장은 지금 하고 있는 일만으로도 정신없이 바쁘다. 현장에는 가능한 부담을 주지 않는 범위 내에서 추진하기를 바란다. 그리고 될 수 있으면 재미있고 즐거운 방식으로 진행해 주기 바란다.'

서류 작성만으로 정신이 없었던 사무국 직원들은 처음에는 경영자가 무슨 의미로 이 말을 했는지 알 수가 없었다. 그러나 얼마 후, 사무국 직원들은 현장에 부탁해야 할 것들이 너무 많다는 것을 깨닫게 되었다. 그리하여 그들은 현장 직원들에게 부담을 주지 않으면서 효과를 극대화시킬 수 있는 좋은 방법이 없을까 여러 가지 방법을 모색하기 시작했다고 한다.

예를 들어 사무직 직원들이 '쓰레기를 줄여라', '분리수거를 해달라'고 현장 직원들에게 부탁했다. 그러나 현장 직원들의 반응은 그리 좋지 않다. 그들에게는 '지금도 힘든데 사무국이 자기들 마음대로 일을 더 늘리고 있다'는 불만만 가중되어 간다.

이러한 사태를 막기 위해 사무국은 다양한 아이디어를 짜냈다. 부품을 조달할 때 사용하는 포장지를 반복해서 사용해도 망가지지 않는 배달용 상자로 바꾸면 쓰레기를 시작 단계에서부터 줄일 수 있게 된다. 또한 쓰레기 분리수거도 패스트푸드점처럼 사진이나 일러스트를 활용하여 혼동하기 쉬운 것을 어디에 버리면 되는지를 알기 쉽게 설명했다.

'환경은 소중하니까 정해진 대로 지켜라'는 말로 현장에 번거로운 작업을 강요하는 것과 '현장의 부담을 될 수 있는 한 줄일 수 있도록 개선하려고 하니 협력해 달라'고 부탁하는 것, 전자와 후자 어느 쪽이 더 바람직한지는 말하지 않아도 알 수 있다.

이윽고 이 기업은 사무국과 스태프가 협력하여 현장의 부담을 최소한으로 줄일 수 있는 방법을 철저하게 연구하고 개선을 거듭한 결과, 현장의 협력을 얻어내는 데 성공했다.

뿐만 아니라 그 후 현장도 계속하여 개선책을 제안하는 적극적인 자세를 보이게 되었다고 한다.

능숙하게 사람을 끌어들일 수 있는 일을 하라

일은 자신이 맡고 있는 공정을 사이에 두고 전(前) 공정과 후(後) 공정으로 연결되어 있다. 도요타에서는 '전 공정은 신, 후 공정은 고객'이라 부르며, 앞 공정을 맡고 있는 직원들은 후 공정이 더욱 부가가치가 높은 작업을 할 수 있도록 노력한다.

스태프들도 마찬가지이다. 고객인 생산분야와 영업분야를 위해 도움을 주는 것이 스태프들의 임무이다. 현장 직원들에게 쓸데없는 포장을 풀게 하거나 필요 없는 전표를 쓰게 하는 등의 작업방식은 절대로 용납되지 않는다. 진정한 낭비 제거는 스태프와 현장이 하나가 되어 노력해야만 비로소 가능해지는 것이다.

스태프 중에는 기업이 ISO 취득을 결정했다고 하면 현장에 '이러한 것을 지켜 달라'는 식으로 일방적으로 강요하는 사람이 있다. 현장의 사정은 전혀 무시하고 '이미 결정된 일이니까 지켜라'는 식으로 모든 것을 떠넘기려 한다. 이런 방식으로는 직원들의 불만만 커질 뿐, 마음으로부터 우러나오는 협력을 기대하기 어렵다.

반대로 '후 공정은 고객'이라고 생각하면 현장의 부담을 줄이기 위해서 여러 가지로 연구해 보게 되고 현장 직원들도 좀더 쉽게 아이디어를 모을 수 있게 된다.

일이라는 것은 한 사람의 힘만으로 해낼 수 있는 것이 아니다. 많은 사람들의 협력과 참여가 더욱 큰 성과를 가져온다. 전 공정, 후 공정의 사람들을 생각하면서 일을 하는 습관을 들인다면 많은 사람들의 아이디어와 협력을 끌어낼 수가 있다.

Point

'마음'이 사람을 움직인다

1. 일에는 이전전심이란 사고방식이 통용되지 않는다. 정확하고 분명하게 설명하라.

2. 상대가 납득할 때까지 설명하는 습관을 가지라.

3. 종적, 횡적, 대각선적인 인간관계를 만들라.

4. 상대를 존중하는 자세로 일에 임하라.

5. 나만 잘하면…하는 사고방식은 팀웍의 방해가 된다.

6. 사람의 마음을 소중히 하라.

7. 현장의 부담을 주지 않는 범위 내에서 개혁을 추진하라.

8. 전 공정과 후 공정의 사람들을 생각하며 일을 하는 습관을 들여라.

맺음말

"자신의 능력을 키워야만
　　　　진정한 경쟁력을 손에 넣을 수 있다"

　　최근 2년에 걸쳐 도요타와 관련된 책을 여섯 권 정도 출판했다. 다행스럽게도 모두 좋은 평가를 받았고, 많은 기업에서 연수용 교재로 채택해 주었다.
　　그 사이에도 도요타에 관한 세간의 관심은 높아만 가고 있다. 도요타가 지닌 강한 경쟁력의 비밀은 생산방식에 있으며, 실제로 도입하려고 하는 기업들도 현저하게 늘어나고 있다. 이런 움직임이 제조업계는 물론 서비스업이나 자영업 또는 관공서에 이르기까지 확산되는 것을 지켜 보면서, 도요타식 생산방식을 이 업종에 전수하는 데 힘써 왔던 사람으로서 많은 기쁨을 느낀다.

그러나 수단이나 방법으로서 도요타 방식을 도입했다 하더라도 임직원 모두의 의식이 바뀌지 않는 한 진정한 의미의 성공은 불가능하다. 도요타식 생산방식은 단순한 수단이나 방법이 아니다. 도요타식 가치관과 사고방식 그리고 행동양식은 그것을 스스로 연구하고 자신의 스타일에 맞게 각색할 때 비로소 진정한 힘을 발휘하기 때문이다.

이 책은 그런 사람들의 수많은 지혜를 젊은 직장인들 여러분들이 조금이나마 이해해 주길 바라는 마음으로 집필한 책이다.

기업이나 개인의 경쟁력은 조직을 통해서만 만들어지는 것이 아니다. 한 사람 한 사람이 자신의 능력을 키워야만 비로소 진정한 경쟁력을 손에 넣을 수 있는 것이다. 이 책이 여러분들이 앞으로 살아가는 데 조금이나마 도움을 줄 수 있게 되기를 바란다.

또한 이 책은 나의 스승인 오노 다이이치 씨의 가르침이나 에피소드를 많이 인용하고 있다. 필자는 오노 씨의 지휘 아래 일하던 당시의 가르침을 일기나 노트에 기록하여 오늘날에도 가끔 그것을 읽는 것을 습관으로 삼고 있다. 이 책에서 인용한 부분은 대부분 그 기록에서 발췌한 것이지만 보다 정확을 기하기 위해 오노 다이이치 씨의 저서 "도요타식 생산방식"이나 "현장 경영", "공장 관리 1990년 8월호"(일간공업신문사) 등을 참조했다.

그 외에도 도요타 에이지 씨의 "결단", 도요타 에이지 연구회의 "도요타 에이지 어록", 오구라 쇼오 씨의 "경영학", 히구치 코우타로 씨의 "전례는 없다. 그렇기 때문에 도전한다!", "이부카 마사루 어록", 그리고 아베 슈우지와 이토 모토시게의 저서 "요시노야의 경제학" 등의 서적이나 신문 그리고 잡지에 게재된 경제기사 등에서 많은 힌트와 정보를 얻었다.

이 책을 집필하기에 앞서 귀중한 어드바이스를 해주신 도요타와 도요타그룹의 임직원 여러분, 카르만을 설립한 이후 만나게 된 많은 경영자들과 생산현장에서 활약하고 있는 분들에게 깊이 감사드린다.

또한 이 책의 기획 편집에 많은 협력을 해주신 이마무라 씨, 쿠와하라 씨, 요시다 씨, 그리고 영어 번역을 도와주신 카디너 씨에게도 감사의 뜻을 전한다.

도요타식 최강의 사원 만들기

지은이 • 와카마츠 요시히토　　　옮긴이 • 양영철
펴낸곳 • (주)삼양미디어　　　　　펴낸이 • 신재석

출판등록 • 2002년 1월 9일 제10-2285
주　　　소 • 서울시 마포구 양화로 6길 9-28
전　　　화 • 02) 335-3030　　팩　스 • 02) 335-2070
홈 페 이 지 • www.samyangm.com
이 메 일 • book@samyangm.com

1판 1쇄 발행 2004년 1월 25일
1판 8쇄 발행 2008년 1월 7일

ISBN • 89-90038-78-2

책 값은 뒷 표지에 있습니다.
잘못 만들어진 책은 구입하신 서점에서 바꾸어 드립니다.